こんなときどうする？

部 活 動 の 地域移行に伴う 法律相談

学校・指導者・関係者の法的責任と対応

弁護士 山本 翔 著

JN002339

日本法令

現在、部活動の地域移行が進められようとしています。本書は、部活動の地域移行に関する法律上の諸問題について、対話とQ&A形式で平易な文章で解説をしたものとなります。

部活動に関する負担軽減を含む教員の働き方改革は、待ったなしの状況であり、教員の志願者数が過去最低を記録したなどの報道にも日々、接する状況にあります。このままの状況が続けば、公教育の崩壊という事態を招くといっても過言ではないように思われます。

私もPTAや自身の子どもたちを通じて学校と接する中で、少ない人員体制で授業準備や生活指導、各種の行事を行うだけでなく、増加傾向にある不登校児への対応や、多様な背景を持つ児童・生徒への配慮がより求められるようになっている場面を見聞きし、教員の負担感が年々増しているように感じていました。「子どもたちのため」という言葉は、それ自体は疑いようもなく正しいものですが、しかし教員にも自身の生活や人生があり、誰かが犠牲になって初めて誰かの生が充実するという大きな矛盾に対しては、大人として、一つひとつ解消を目指し、向き合う努力をしなければならないと思っていたところです。

政府としても、現在、部活動に関する教員の負担軽減を図らなければいけないという認識をもって政策を進めてきているところであり、社会の側においても、部活動を担う教員の負担が大きすぎるとの指摘が十分に受け止められつつある状況にあるといえます。他方で、部活動を地域へ移行した場合の法的な問題点は、必ずしもこれまで十分に整理されていなかったように思いました。特に、部活動に学校以外の団体や指導者が関わる

といっても、①あくまでも学校が部活動を運営する主体となることは変わらないものとしながらも、学校に外部の人を呼び込んで、部活動の運営を手伝ってもらうという方向（外部人材取込み型）と、②学校の部活動の運営自体を外部の受け皿団体に担ってもらう方向（外部団体受け皿型）という2種類の方向があり、それぞれのパターンで責任の所在などが異なることになるはずです。部活動を地域に移行した場合には、それぞれの場合でどのような法的リスクがあるのか、また、リスクを回避するにはどのようなことに注意しなければならないのかということを明確に認識したうえで、地域移行が進められるべきであるといえます。また、いじめ防止対策推進法など、子どもに関わるうえでは知っておかなければならない基本的なルールもあります。このような問題意識から、今後、地域で部活動を担う関係者にとって、法律面で有益な情報を提供できれば良いなと考えて執筆を進めました。現在も各地域で進行している動きであり、日々状況は変化し得るものであるため、私の能力では十分に言及できなかった論点も多々ありますが、全国で部活動に関わる先生方・関係者への敬意を持ちつつ、不十分ながらも部活動の地域移行を取り巻く法的課題について解説できればと考えた次第です。

　もっとも、本書はあくまでも法的な理解や課題を整理したものにすぎず、実際に部活動の地域移行を進めるには、各地域の現場において並々ならぬ努力が必要であるように思います。学区が一つ異なれば、関係者やそこで働く力学も異なるものです。教員の負担軽減を図りながらも、子どもたちに部活動という場を提供し続けるためには、地域に根ざしつつ、学校と地域や関係者が本音で話し合い、合意形成を行うという気の遠くなる作業が待っていることだろうと思います。「学校の授業には出席

できないが、部活動には来ることができる」といった生徒・児童に接することもあり、一部の生徒・児童にとっては、部活動がクラスとは異なる居場所や社会との接点になっている現実もあります。私自身、通っていた公立高校での部活動の経験が今の自分を強く支えてくれていると感じることもあるため、生徒・児童の権利や意思、安全が守られつつ、部活動が形を変えながらもこの社会に残ってくれることを願っています。

　最後に、この書籍の出版にあたっては、株式会社日本法令の白山美沙季さんから多くのお力添えをいただきました。白山さんのテキパキとしたお仕事振りと私のイメージを形にしてくださる力がなければ、このような短期間で本書を形にすることはできなかったものです。深く感謝申し上げます。

　また、対話形式を取り入れて解説をするという体裁については、大学教員を務める妻からもらったアイデアです。彼女からはほかにも有益なアドバイスをもらいました。さらに、日々、部活動に励む子どもたちがいなければ、この執筆を行うことは決してなかったことでしょう。みんな、ありがとう。

令和 5 年12月

弁護士　山本　翔

〈 も く じ 〉

第7章 地域移行後の部活動における 学校・先生の関わり方

第1章
部活動の地域団体の
立上げ

STORY

　　コウサクは、サッカー好きの会社員です。東町中学校のサッカー部に所属する息子がいます。先日、校長先生から"部活動の地域移行"について相談され、「クラブのコーチを引き受けてほしい」と持ち掛けられました。どうするべきか悩んでいたところ、中学校時代の同級生で、弁護士のレイコにばったり出会います。

★　部活動の地域移行とは？

　　久しぶり。昨年開催された東町中学校の同窓会以来だね。今さ、息子も僕たちが卒業した東町中学校に通っているんだ。それで、校長先生とPTA会長から直々に話があって、"部活動の地域移行"を進めようとしているので、サッカー部を受け持ってくれないかって、頼まれているんだよね。

　　へー、そうなんだ。君は昔からサッカーが大好きだったし、今もサッカー部仲間とフットサルでよく練習しているよね。健康にも良いし、子どもたちとも触れ合えて楽しそうだね。

　　でもさ、なんで今まで学校がやってくれていた部活動を、僕たちがやることになるんだろう。

　　一言でいうと、教員の働き方改革のためだね。特に、中学校では教員の長時間勤務の主な原因として、部活動の負担が重いことへの指摘があるよ。学校の先生になりたいという若い人も年々減少しているみたいだね。

でも、今まで学校でやってきた部活動を全部、地域でやるなんて難しいよね。

　学校の先生方も大変なのはわかるけれど、学校にどんどん人を呼び込んで、先生方を支えるという方向もあるんじゃないかな。

　そうだね。ニュースでは、「スポーツ関係の企業が指導員を学校に派遣した」とか「地域のスポーツクラブが部活動の運営を受託した」とか報道されているけれど、"地域移行"や"部活動の外部委託"といっても、その内容は一様ではないはずだよ。

　大きく2つの方向に整理できると思う。①あくまでも学校が部活動を運営する主体となることには変わらないものとしながらも、学校に外部の人を呼び込んで、部活動の運営を手伝ってもらうという方向（外部人材取込み型）と、②学校の部活動の運営自体を外部の受け皿団体に担ってもらう方向（外部団体受け皿型）の2種類ね。でも、この2つを区別せずに議論してしまっているところがあって、法的な観点から見ると、①と②は全然違うんだけど、あまり詰めた議論がされている気配がないね。

　確かに、いろいろなところで"地域移行"と聞くけれど、①外部人材取込み型のことを指しているのか、②外部団体受け皿型のことを指しているのか、よくわからないね。

　今回、校長先生からは「サッカー部の部活動の運営自体を保護者や地域関係者にお任せしたい」と言われたから、おそらく②外部団体受け皿型のことを指しているんだろうな。僕たちは、周りの保護者にも声をかけて、小さな集団として運営していくことになると思うよ。

例えば、①外部人材取込み型に関しては、最近では、部活動指導員や外部指導者を学校に招き、学校が運営する部活動の一端を担ってもらうという動きがあるね。これは、部活動もあくまでも学校の教育活動の一環として行われるという前提で、運営に関する責任は学校にある。他方で、②外部団体受け皿型に関しては、文部科学省では"新たな地域クラブ活動"と呼んでいたりするんだけど、部活動を運営する責任は、外部の受け皿団体にあるといえるね。

★　誰が部活動を運営するの？

　そもそも、①学校が行う部活動と、②地域の外部団体が受け皿となる部活動で、どういう点が異なるのかな？

　①学校が行う部活動であれば、運営する主体は学校になるよね。だから、例えばサッカーボールを購入する契約を行うのは、公立学校の場合、学校を設置している市や特別区になる。だから、サッカーボールの購入代金を支払わないといけないという義務を負うのは、市や特別区になるんだ。また私立学校であれば、学校法人が義務を負うね。
　他方で、②地域の外部団体が受け皿となる部活動では、サッカーボールの購入代金の支払義務を負うのは、その団体になる。例えば、その団体が株式会社により運営されるスポーツクラブであれば、その会社が支払義務を負うことになるし、団体に法人格がなければ、主催者である個人が支払義務を負うことになるよ。

　ごめん、法人格って何？　よくわからないや🔸

簡単にいうと、法人格というのは、物を購入したり、銀行で口座を開いたりする資格のことなんだ。法律の世界では、"権利"と"義務"という2つの言葉で人と人との関係や人と物との関係を整理しているんだけど、その権利や義務の主体となる資格のことだね。

　例えば、コウサク君が務めているＡＢＣ印刷は株式会社だよね。株式会社以外にも、NPO法人だったり、公益財団法人にも法人格が認められているね。都や県、市、特別区などの地方公共団体も法人だよ。株式会社は法人だから、ＡＢＣ印刷が購入した印刷機や印刷紙の代金は、法人であるＡＢＣ印刷に支払義務があって、従業員であるコウサク君の財布からお金を払わなくていいことになる。

　そりゃ、会社のために必要な物を調達しているんだから、従業員個人の財布や貯金からお金を払う必要があったらおかしいよ。

　うん。でも、例えばコウサク君が個人事業主で八百屋を営んでいれば、野菜の仕入れの代金は、コウサク君個人の財布や貯金から支払わないといけないよね。それと同じように、コウサク君が個人でサッカーチームを主催した場合には、大会への参加費やサッカーボールの購入費などは、コウサク君個人に支払義務があるのが原則なんだ。

　えっ、でも子どもたちのためにサッカーチームを主催しているのに、僕個人に支払義務があるわけ？　子どもたちの保護者から会費をうまく集められずにお金を払わないでいると、僕が裁判で訴えられちゃうってこと⁉

原則そうなんだよ。でも、一つ裏技があって、株式会社などの正式な法人でなくても、団体としての実質があると認められれば、その団体の財産の中から支払えばいいというルールもある。難しい言葉で嫌になっちゃうかもしれないけれど、"権利能力なき社団"といって、法人格はないんだけれども、団体としての実態がある組織のことで、これに該当すれば、取引の主体となることができるよ。認められる条件は、以下のとおりだよ。

▶権利能力なき社団と認められる条件
① 団体としての組織を備えていること
② 多数決の原則が行われていること
③ 構成員の変更にもかかわらず団体そのものが存続すること
④ 代表の方法、総会の運営、財産の管理その他団体としての主要な点が確定していること

　何だか、難しくて頭が痛くなってきたよ。

　法人格がある団体ではなくて、この"権利能力なき社団"としての活動を想定しているなら、個人の財産と団体の財産が混在しないようにしておく必要があるよ。そのためには、サッカーチームの団体としての預貯金口座を開設する必要があるね。金融機関の窓口で「サッカーチーム名義の口座を作りたい」と言うと、窓口の人から「規約を見せてください」と言われるはずだから、規約も作る必要がある。だから、まずやるべきこととしては、規約を作ったうえで、口座を開設することから出発すればいいと思うよ。規約の例については、22頁を見てみてね。

おお、ありがとう。こういうひな形があると助かるな。

★ 生徒が怪我をしたら誰の責任？

 あと、①学校が運営する部活動と、②地域の受け皿団体が運営する部活動では、法的責任の在り方や補償制度がまったく異なるよ。事故や事件が起きたときのコーチや団体としての責任の問題については、また今度ゆっくり説明しようと思うけれど、①学校が運営する部活動だと、公立学校に勤務する公務員である教員は、たとえその教員に落ち度があって生徒が負傷してしまった場合であっても、個人として被害者に対して損害賠償責任を負うことはないんだ。また、学校が運営する部活動で事故が起きた場合には、独立行政法人日本スポーツ振興センターによる災害共済給付制度の補償の対象になるよ。

他方で、②地域の受け皿団体自体が部活動を担う場合には、関係するコーチ個人に損害賠償責任が発生することがあるし、日本スポーツ振興センターによる補償の対象にはならないから、自分たちで傷害保険などに入って備えておく必要があるね。

 でも、地域によっては中学生の医療費は無料だよね。傷害保険に入っておく必要ってあるのかな？

 簡単な怪我ならば、医療費のことだけを考えればいいかもしれない。けれど、万が一、不幸にも後遺障害を負うような怪我などを負ってしまうようなことを念頭に置くと、やっぱり傷害保険に入っておいたほうが参加する生徒の利益になることは間違いないよね。

サッカーは大好きだけど、チームを率いるとなると、万が一のことをいろいろ考える必要があるんだね。少し気が重くなってきたよ。

Check Point

☑　部活動の地域移行には、次の2つの方向があります。
①　学校が部活動を運営する主体となりながらも、学校に外部の人を呼び込んで、部活動の運営を手伝ってもらうという方向（外部人材取込み型）
②　学校の部活動の運営自体を外部の受け皿団体に担ってもらう方向（外部団体受け皿型）
☑　上記2つの方向のどちらを基本として運営していくかによって、生徒が負傷してしまった場合に、誰に責任があるのか、災害共済制度の適用があるのか（民間の保険に入る必要があるか）などが異なります。

Ｑ＆Ａ

Ｑ１．部活動地域移行の背景

そもそも部活動の地域移行とは、どのような背景で進められてきたのですか。なぜ、このタイミングなのでしょうか。

Answer

端的にいえば、教員の働きすぎの問題を解決するためです。部活動の指導を担当する顧問の教員は、平日には朝から授業を担っていますが、授業準備のほかに、放課後に部活動の指導を行うとすると、どうしても長時間労働が生じてしまいます。土日に大会などの引率を行うことも、教員にとっては大きな負担になると指摘されており、このような負担が教員の志望者を大きく減少させているともいわれています。

政府レベルでは、平成29年6月に中央教育審議会・初等中等教育分科会に「学校における働き方改革特別部会」が設置され、教師の労働時間が長時間化していることの要因として、生徒指導や進路指導の時間に加え、部活動に関わる時間が長いこと等が指摘されました。ここでの議論を踏まえ、平成31年1月25日、中央教育審議会において「新しい時代の教育に向けた持続可能な学校指導・運営体制の構築のための学校における働き方改革に関する総合的な方策について」という答申が取りまとめられ、この中で、「中学校における教師の長時間勤務の主な要因の一つである部活動については、地方公共団体や教育委員会が、学

校や地域住民と意識共有を図りつつ、地域で部活動に代わり得る質の高い活動の機会を確保できる十分な体制を整える取組を進め、環境を整えた上で、将来的には、部活動を学校単位から地域単位の取組にし、学校以外が担うことも積極的に進めるべきである」との指摘がされました。

　その後、「学校の働き方改革を踏まえた部活動改革について」（令和2年9月1日）においては「休日の部活動における生徒の指導や大会の引率については、学校の職務として教師が担うのではなく地域の活動として地域人材が担うこととし、地域部活動を推進するための実践研究を実施する。その成果を基に、令和5年度以降、休日の部活動の段階的な地域移行を図るとともに、休日の部活動の指導を望まない教師が休日の部活動に従事しないこととする」とされました。

　また、令和3年10月から、スポーツ庁において「運動部活動の地域移行に関する検討会議」が設置され、「運動部活動の地域移行に関する検討会議提言」（令和4年6月6日）では、部活動の段階的な地域移行が提言され、大きく注目されました。中学校教諭の1か月当たりの時間外勤務は100時間近くに及んでいる旨が指摘されており、休日の運動部活動から段階的に地域移行していくことを基本とすべきと提言しています。文化部を念頭においた検討としても、令和4年2月から、文化庁において「文化部活動の地域移行に関する検討会議」が設置され、同趣旨の提言がされました。

　さらに、令和4年12月には、スポーツ庁と文化庁から「学校部活動及び新たな地域クラブ活動の在り方等に関する総合的なガイドライン」（以下、「部活動ガイドライン」という）が公表され、令和5年度以降、各地域において、部活動の地域移行が模索されている状況にあります。

Q2. 部活動を行う義務

部活動の地域移行が進められるということですが、部活動は、学校に行う義務があるのではないのですか。

Answer

　主に、中学校と高等学校における部活動は、我が国において大きな教育的意義を果たしてきた活動であり、これまでは学校における教育活動の一環と位置付けられてきました。

　部活動については、以前の学習指導要領では、必修の特別活動であるとされていた時期もありましたが、現在の学習指導要領では、学校の教育計画に基づく活動であっても、教育課程外の活動（課外活動）であるとされています。例えば、中学校学習指導要領では「特に、生徒の自主的、自発的な参加により行われる部活動については、スポーツや文化、科学等に親しませ、学習意欲の向上や責任感、連帯感の涵養等、学校教育が目指す資質・能力の育成に資するものであり、学校教育の一環として、教育課程との関連が図られるよう留意すること。その際、学校や地域の実態に応じ、地域の人々の協力、社会教育施設や社会教育関係団体等の各種団体との連携などの運営上の工夫を行い、持続可能な運営体制が整えられるようにするものとする。」（平成29年3月31日文部科学大臣告示）とされているように、あくまでも「生徒の自主的、自発的な参加により行われる」課外活動という位置付けとされています。

　このように、小学校の高学年で行われているような正規の教育課程である特別活動としての"クラブ活動"とは位置付けが異なり、部活動については、学校が必ず実施するべき法令上の義務があるとされているわけではありません。昨今は、教員の

11

働きすぎを是正するため、必ずしも教員が担う必要のない活動であるとの指摘がされ、部活動の地域移行が模索されている状況にあります。今後、学習指導要領が改訂される際には、部活動の地域移行に関する情勢を踏まえ、部活動を学校教育から切り離す方向性がさらに明確になる改正がなされるものと予想されます。

Q 3．部活動の負担軽減の方向性

部活動に関する教員の負担軽減については様々な方策があると思いますが、どのような方向性がありますか。

Answer

1　外部人材取込み型

部活動に伴う教員の負担を軽減する必要があることには異論のないところだと思いますが、そのための手段としては、主に２つの方向があるといえます。

一つは、あくまでも学校が部活動を運営する主体となることは変わらないものとしながらも、学校に外部の人を呼び込んで、部活動の運営を手伝ってもらうという方向（学校外の人材を学校の中に取り込む方向）があります。本書では、これを"外部人材取込み型"と呼びます。部活動ガイドラインにおいても、「校長は、教師だけでなく、部活動指導員や外部指導者など適切な指導者を確保していくことを基本とし、生徒や教師の数、部活動指導員の配置状況を踏まえ、指導内容の充実、生徒の安全の確保、教師の長時間勤務の解消等の観点から円滑に学校部活動を実施できるよう、適正な数の学校部活動を設置する。」（同

Ｉ１（２）ア）など、外部人材取込み型を意識した記載があります。

　この方向は、あくまでも部活動の運営や実施の主体は学校であるとしながらも、外部指導者を呼び寄せ、部活動での指導に従事してもらうものです。平成29年４月に学校教育法施行規則が改正され、部活動指導員の規定が整備されました。現在でも、地方自治体の実情に応じて、学校現場を支援する教員以外の職種として、各自治体において名称はまちまちですが、小１支援員やスクールサポートスタッフ（教員業務支援員）、副校長補佐などが任命されているところです。部活動指導員についても、このような職員と同様に、非正規の公務員である会計年度任用職員として任命されている例が多いようです。会計年度任用職員としての任命については、雇用の安定という問題があるものの、以前に比べて学校現場に教員以外の大人が関わることが増え、教員の負担を軽減する方向での施策が実行されてはいます。部活動の地域移行についても、基本的にはこの施策の延長線上として、部活動は学校における教育活動の一環である教育課程外の活動（課外活動）であると位置付け、学校が責任を持って行いながらも、顧問となる教員の負担を軽減する観点から複数の外部指導者を学校へ招聘したり、外部のスポーツ関係の団体に支援を依頼するという方向があり得ます。

② 外部団体受け皿型

　他方で、もう一つの方向としては、本書が主に対象とするように、学校の部活動の運営自体を外部の受け皿団体に担ってもらう方向があります。本書では、これを"外部団体受け皿型"と呼びます。

　教員の立場からすると、学校が運営の主体となり続ける１の

外部人材取込み型では、教員の負担軽減の抜本的な解決策には繋がらないという受け止めがされているように思いますし、昨今の"部活動の地域移行"に関する議論では、主にこちらの文脈での施策を指していることが多いように思います。運営の主体自体が外部団体となる方向となるため、学校との連携は必要であるものの、学校とは切り離された形で運営していくこととなります。

　すでに一定の指導実績があるスポーツジムやプロスポーツチームを経営する株式会社やNPO法人のほか、競技団体等が受け皿団体になる場合であれば大きな混乱は少ないとは思いますが、全国のすべての地域において、そのような一定の指導実績のある団体が受け皿になることができるとは限りません。そうすると、これらの団体のほか、保護者会、同窓会、PTAなど、保護者や地域を中心に新たに立ち上げられる団体が受け皿になる可能性もあると考えられています。部活動ガイドラインにおいても、「公立中学校において、学校部活動の維持が困難となる前に、学校と地域との連携・協働により、生徒のスポーツ・文化芸術活動の場として、新たな地域クラブ活動を整備する必要がある。」と指摘されており（同Ⅱ）、主にこちらの方向での施策を中心に言及されています。

　子どもたちからすれば、2つの方向のどちらを採用するにしても、部活動に関わる大人たちの顔ぶれは一緒となる可能性があるともいえます。しかし、どちらの方向に基づいて運営していくかによって、責任の所在などの法的な状態は、まったく異なるものになります（Q5参照）。

Ｑ４．受け皿団体となる組織

　地域の受け皿となる団体は、どのような組織が想定されていますか。

Answer

　部活動ガイドラインでは、受け皿となる団体として、総合型地域スポーツクラブやスポーツ少年団、体育・スポーツ協会、競技団体、クラブチーム、プロスポーツチーム、民間事業者、フィットネスジムのほか、地域学校協同本部や保護者会、同窓会、複数の学校の部が統合して設立する団体などが例示されています。

　これらの中には、株式会社や一般社団法人・一般財団法人、公益財団法人・公益社団法人、NPO法人などの法人格のある団体もあることが想定されると思います。株式会社やNPO法人といった法人格のある団体で部活動を運営していくのであれば、その法人に関するルールに従って運営されることになります。特に、スポーツジムなどを経営している民間事業者（通常は株式会社）が受け皿団体となるのであれば、組織の運営や指導についてはプロである事業者に任せればよく、この場合に主な論点となるのは、そのような事業者へ委託することによって、各家庭において部費等の負担が増加しないかという点や、学校との連携の在り方という点になるでしょう。

　他方で、保護者会や同窓会など、保護者や地域を中心として部活動の受け皿団体を新たにスタートさせる場合には、部活動の指導を始める前に、規約の制定や口座の開設、総会を開催するなどして、組織を立ち上げるところからスタートする必要があります。

Q 5. 学校主体の部活動と地域の受け皿団体が主体の部活動の違い

部活動が地域に移行することにリスクがないのか不安です。学校が主体となって運営する部活動と、地域の受け皿団体が主体となって運営する部活動では、法的にどのような違いがありますか。

Answer

1　契約の主体

学校が主体となって運営する部活動では、部活動の実施に関わる契約関係の主体は、学校側になります。すなわち、公立学校であれば学校の設置者となる地方公共団体、国立学校であれば国立大学法人、私立学校であれば学校法人が、法人格を持った主体として契約行為を行います。例えば、備品や楽器の購入に関する契約の主体になりますし、外部講師を委嘱する場合も、その報酬の支払いの責任を負うのは、地方公共団体、国立大学法人又は学校法人となります。備品や楽器の所有権を有する主体も、これらの法人となります。

他方で、地域の受け皿団体が主体となって運営する部活動では、その団体が契約の主体となります。総合型地域スポーツクラブやスポーツ少年団、体育・スポーツ協会、競技団体、クラブチーム、プロスポーツチーム、民間事業者等の様々な団体が想定されているところですが、これらの団体が契約の主体となり、その契約上の責任を果たしていくこととなります。

② 事故に対する補償

　事故が起きた際の補償の制度も異なります。学校が主体と
なって運営する部活動において、参加する生徒が怪我等をした
場合には、一般的には、独立行政法人日本スポーツ振興センター
による災害共済給付制度の適用があります。この制度では、義
務教育諸学校、高等学校、高等専門学校、幼稚園、幼保連携型
認定こども園、高等専修学校及び保育所等の管理下における災
害に対し、災害共済給付（医療費、障害見舞金又は死亡見舞金
の支給）を行っています。どのような場合に「学校の管理下」
といえるのかについては、学校が編成した教育課程に基づく授
業を受けている場合や学校の教育計画に基づく課外指導を受け
ている場合が該当するだけでなく、休憩時間中に学校にある場
合、その他校長の指示又は承認に基づいて学校にある場合にも、
該当するものとされています（独立行政法人日本スポーツ振興
センター法施行令5条2項）。部活動は、教育課程外の活動で
はありますが、学校における教育計画に基づいて実施される教
育活動であると取り扱われてきたため、災害共済給付制度の適
用対象とされてきました。具体的には、医療費のほか、後遺障
害の程度に応じた障害見舞金（最高4,000万円）や死亡見舞金（最
高3,000万円）が支給される場合があります。給付金の申請の
手続きは、学校を通して行うこととなっています。
　他方で、地域の受け皿団体が主体となって運営する部活動は、
学校における教育計画に基づいて実施される課外活動として行
われるわけではありませんので、独立行政法人日本スポーツ振
興センターによる災害共済給付制度の適用がありません。地域
の受け皿団体がこの制度に加入することも、現行法令の下では
認められていません。このため、参加する生徒の怪我等に備え

るためには、傷害保険に別途加入する必要があります。保険の問題については、Q24をご参照ください。

③　事故に関する責任の主体

　事故等が起きて運営側に何らかの落ち度があるとして損害賠償責任を負う場合に、誰が責任を負うのかという責任の主体にも違いが生じます（**図表１－１**）。まず、学校が主体となって運営する部活動において、生徒に事故が生じて、運営側や顧問の教員に落ち度があるときには、その教員個人のほか、学校の設置者である地方公共団体や学校法人に法的な損害賠償責任が生じる可能性があります。ただし、公立学校（国立大学法人が設置主体となる学校を含む）の教員個人に何らかの落ち度が

■図表１－１　部活動地域移行の法的帰結

	①学校が主体となって運営する部活動 （外部人材取込み型）	②外部の受け皿団体が主体となって運営する部活動 （外部団体受け皿型）
契約の主体	学校の設置者 （公立学校であれば地方公共団体、私立学校であれば私立学校法人、国立学校であれば国立大学法人）	当該受け皿団体 （株式会社、公益社団法人、NPO法人、権利能力なき社団…）
災害共済給付制度の適用	適用あり	適用なし
事故等が発生した場合の損害賠償責任の主体	落ち度がある校長や教員、部活動指導員のほか、学校の設置者 ※　国公立学校の場合には、校長や教員、部活動指導員などの職員が被害者との関係で直接的な損害賠償責任を負うことはない。	落ち度がある指導者個人のほか、部活動を運営する受け皿団体

あったとしても、国家賠償法の考え方により、教員個人が被害を受けた生徒に対して直接、損害賠償責任を負うことはありません（最判昭和30年４月19日民集９巻５号534頁、最判昭和62年２月６日裁判集民事150号75頁）。公務員である教員個人は、故意・重過失がある場合には、損害賠償責任を果たした地方公共団体から、一定の金銭を求償されることはあり得ますが（国家賠償法１条２項）、被害者に対して、直接的な責任を負わないものとされています。

　他方で、私立学校や外部の受け皿団体が運営する部活動であると、教員個人や指導者のほか、その団体自体も損害賠償責任を負う場合があります。民間のスポーツクラブが利用者に対して法的責任を負うのと同様です。損害賠償責任の詳細については、Ｑ８・Ｑ９で解説します。

Q6. 受け皿団体に必要な規約

部活動の受け皿となる地域団体を新たに設立する場合に、規約などを作る必要ありますか。

Answer

　部活動の受け皿団体としては、総合型地域スポーツクラブやスポーツ少年団、体育・スポーツ協会、競技団体、クラブチーム、プロスポーツチーム、民間事業者等の様々な団体が想定されています。これらの団体の中には、株式会社であったり、公益社団法人であったり、NPO法人であったりする場合があるほか、法人格のない団体（後述する権利能力なき社団）に該当するような団体もあるものと考えられます。

　例えば、新たに株式会社を設立する場合には、会社法に従って、定款を作成し、公証人による認証を受け、資本金を払い込み、法務局において登記申請をするといった手続きを経る必要があります。また、特定非営利活動促進法に基づいて、NPO法人を設立することも検討されます。営利を目的としない団体であるため、株式会社と比べて、法人税の課税や寄付税制等において優遇がされています。

　株式会社やNPO法人等は、法人格がある団体であり、その団体名義で活動場所を借りたり、ボールなどの必要な備品を購入するなどの取引の主体になることが可能です。

　他方で、このような法人格のある団体を設立する負担などを考えて、一定の組織的な活動にはするものの、法人格のない団体（権利能力なき社団）として部活動を運営するという方策もあり得ます。権利能力なき社団については、法人格はないという意味では個人事業者と同様ではありますが、取引上の債務に

ついては、構成員の個人が直接責任を負うことなく、あくまで
も団体の財産から債務を支払えばよいとされています。この仕
組みは、法人格のある株式会社やＮＰＯ法人を運営するには手
間や負担が大きいという場面で、有効に活用できる制度であり、
特に、保護者やＰＴＡ、地域住民を中心として新たな団体を設
立する場合には、このような権利能力なき社団が選択されるこ
とがあり得ます。この場合にも、その団体のルールである規約
や会則を制定する必要があります。規約例は22頁**図表１－２**の
とおりです。そのうえで、活動を行うためには資金が必要です
から、その管理のために預貯金口座を開設する必要があります。
　団体としての実質をもって活動するためには、最低限、以下
の点を念頭に置いて、組織を運営することが必要であるといえ
ます。

---

① 規約を作成し、代表の選出方法を含めた組織の在り方を明
　確に規定しておくこと
② 口座を開設し、個人の財産と団体の財産を分別して管理す
　ること
③ 規約に従って、民主的な方法で（多数決の原則により）運
　営していくこと
④ どのような組織的な決定がされたのか後からわかるように
　するために、議事録を作成し、保存しておくこと

■図表１－２　（法人格のない）団体の規約（例）

第１章　総則
　第１条（名称）
　　本クラブは、東町中学校サッカークラブ（以下「本クラブ」という。）と称する。
　第２条（所在地）
　　本クラブの事務局は、東町中学校のPTA室に置く。
　第３条（目的）
　　本クラブは、東町中学校のサッカー部の運営を引き受けることにより、生徒が今後も安定的にサッカーの部活動に参加できることとし、部活動を通じて生徒の体力や協調性の向上を図るとともに、生徒により良く生きる力を付けさせることを目的とする。

第２章　会員
　第４条（会員）
　　本会の会員は、東町中学校に在籍する生徒のうち、本クラブでの活動に参加を希望する者の保護者とする。ただし、当該保護者以外の者であっても、前条の目的に賛同するものについては、役員会の承認を得て、会員となることができる。

第３章　組織
　第５条（会議体）
　　１　本会には、次の会議を設ける。
　　　①　総会
　　　②　役員会

　第６条（総会）
　　１　総会は、本会の最高機関として、本会の組織、運営、管理その他の一切の事項について決議をすることができる。
　　２　総会は、毎年１回開催するものとする。
　　３　総会の決議は、出席者の過半数によって行う。た

だし、総会において議決権を有する会員は、各家庭を代表する保護者１名とする。

4　総会は、次の事項を決議するものとする。

① 役員の選任

② 予算、決算及び活動方針の承認

③ 本規約の変更

④ その他の重要な事項

5　定期総会は、毎年度の当初に開催するものとする。ただし、役員会において必要と判断したときは、いつでも臨時総会を開催することができる。

第７条（役員）

1　本クラブに、次の役員を置き、会員の中から選任するものとする。

① 会長

② 副会長

③ 会計

④ 書記

2　会長は、本クラブを代表し、学校、地域等との連絡調整を行うとともに、会務を総括する。

3　副会長は、会長を補佐し、会長が不在のときは、その職務を代行する。

4　会計は、総会で決定した予算に基づいて、本クラブの会計事務を処理するとともに、本クラブの財産を管理する。

5　書記は、総会及び役員会の記録を取るほか、会長の指示に従い、他の役員を補佐する。

6　役員の任期は１年とするが、再任を妨げないものとする。

7　会長は、役員会の意見を聞いて、相談役又は顧問を選任することができるものとする。

第８条（役員会）

1　役員会は、会長が招集し、次の事項を決議するものとする。

　　①　予算、決算及び活動方針の作成
　　②　高額な備品の購入その他の重要な契約の締結
　　③　外部指導者の選任
　　④　その他重要な事項
　2　役員会の決議は、出席者の過半数によって行う。
　3　会長は、本クラブの活動に参加する生徒が次の事項に該当すると認めるときは、役員会の意見を聞いて、当該生徒について本クラブの活動への参加を禁止することができる。
　　①　他の生徒、コーチ等の生命、身体又は財産に危害を加えたとき
　　②　施設、設備、備品等を故意で破壊したとき
　　③　部活動の円滑な実施を妨げる行為を行った場合において、注意をしても、同様の行為を繰り返すとき

第4章（会計）
　第9条
　1　本クラブの会計は、毎年4月1日に始まり、翌年3月31日に終わる。
　2　本クラブは、会計を監査するために、若干名の会計監査を置くものとする。

　　　　　　　　　　　　　　　　　　　　　　　　以上

第2章
部活動における事故
- 責任の概要編 -

　喫茶店で、コウサクがレイコにコーヒーをご馳走しています。レイコのアドバイスを参考に、サッカー部の受け皿となる新しい組織を立ち上げることができたお礼です。しかし、クラブでの練習中に、生徒の怪我というトラブルが起きてしまいました。この場合、誰が責任を負うのでしょうか。そもそも"法的責任"とは、どのようなものなのでしょうか。

★ 法的責任とは？

　先日はありがとう。教えてもらった規約例を参考に規約も整えて、何とかサッカー部の受け皿となる組織を保護者中心で作り上げたよ。規約を銀行の窓口に見せたら、クラブ名義の口座も開設できたし。

　そうそう、会長となる自分のほかに、関心のある保護者が役員になってくれたんだ。ほかにも、自分の子どもがいるわけではないけれどもサッカー好きの後輩や地域の方が指導者として参加してくれて、現在8人の指導者という体制で運営しているよ。

　それに、規約と活動方針を自治体へ提出したら、補助金ももらえることになって、保護者から徴収する会費は月500円まで下げることができたんだ。

　それは良かったね。コーチが8人もいるなんて、立派なクラブじゃない！

　学校とも相談して、顧問の先生の負担を軽減するために、土日の練習の指導や試合の引率については僕たちのクラブで担当することになったよ。

でも、先週の土曜日の練習中に、生徒同士が接触して、倒れた子が手を骨折してしまったんだ。怪我をしてしまった生徒の保護者は、怪我をさせてしまった生徒の保護者に怒っていて、クラブに苦情を言われてしまって困っているんだよね。その保護者に言わせると、「サッカーであっても、節度をもってプレーされるべきであり、ちゃんと指導していなかったクラブのコーチにも責任があるのではないか」ということなんだ。責任って言われてもなぁ…。

　こういうトラブルは、当事者同士での解決が難しいことがあるね。法律の世界では、主に"刑事上の責任"と"民事上の責任"の2つがあるよ。刑事上の責任は、罰金を科せられたり刑務所に入ったりする場合がある責任のこと。民事上の責任とは、基本的には損害賠償責任といって、お金で解決する責任のことだよ。主にこの2つの責任のことを合わせて、"法的責任"といわれたりするね。

★ 法的責任は誰が負う？

　2つの責任か、どちらも嫌だな。そもそも、スポーツってみんなで楽しむものなのだから、法律上の責任とかそういうのに馴染まないと思うんだけど、どうだろう。

　スポーツの世界だからといって、法的な責任と無縁ではないよ。例えば、万が一、不幸にも真夏の練習中に生徒が熱中症により亡くなった場合には、落ち度がある指導者に業務上過失致死罪という刑事上の責任が科される可能性がある。そのほかにも、過失（注意義務違反）があったとして、損害賠償義務という民事上の責任を負う可能性もあるんだよ。

僕はサッカークラブの一員として指導しているわけだから、サッカークラブ自体が責任を負って、僕個人は責任を負わないとは考えられないのかな？

　つまり、損害賠償責任を負うといっても、僕の財布から支払うのではなく、サッカークラブの口座から賠償金を支払えば足りるという考え方。以前に、「権利能力なき社団であれば、個人の財布から支払う必要はない」という話をしていたよね。

　権利能力なき社団に関するルールは、サッカーボールの購入代金やコートのレンタル料の支払義務など、契約上の義務に関しては個人の財布から支払わなくていいという話であって、事故が起きた場合の不注意の責任が問われる場面とは、まったく別なの。

　一般的に、何か事業を行う場合には、その事業の主体となる団体が責任を負うこともあるけれど、個人に落ち度があれば、個人も被害者に対して損害賠償責任を負うよ。契約関係に関わりなく、注意義務違反と因果関係のある損害に対して負うとされる責任を "不法行為に基づく損害賠償責任"（民法709条）というんだ。

　これまでにも部活動に関する事故ってたくさんあったと思うんだけど、学校の先生も損害賠償責任を負っていたのかな。

　従来、学校の運営の下で部活動がされてきたわけだけど、部活動に関わる教員も、学校における教育活動によって生ずるおそれのある危険から児童・生徒を保護すべき義務を負っているとされているよ。でも、この義務に違反して損害が発生してしまった場合に、教員個人が損害賠償責任を負うかどうかという点については、公立学校

の教員と私立学校の教員とで考え方が異なるんだ。

 同じ先生なのに、違うのか。

 公務員である公立学校の教員は、公権力の行使である教育活動に関して法的責任を負うことはなく、国家賠償法という法律の考え方に基づいて、学校設置者である地方公共団体が法的責任を代わりに負うものと考えられているんだ。国立大学法人が設置している学校の教員も同様だと考えられているね。このため、国公立学校の教員が被害者に対し、直接的に損害賠償責任を負う立場にはないよ。

他方で、私立学校の教員にはこのような考え方は適用されないから、被害者に対して直接的に損害賠償責任を負うこともある。そして、外部の受け皿団体として部活動に関わるコウサク君をはじめとするコーチも、公務員という立場で関わるわけではないから、被害者に対して直接的に損害賠償責任を負う可能性があるってことだね。

 そういうことか。団体の事業として関わっていたとしても、団体が法的責任を代わりに負ってくれるわけではないんだね。

 団体自体も使用者責任（民法715条）といって賠償責任を負う場合もあるから、現実の裁判では、個人よりも資金力がある団体が被告とされることも多いの。でも、そうだからといって、個人が損害賠償責任を負わなくていいというわけではなく、被害者が誰を相手に訴訟を行うかの選択権があるといえるね。

例えばバスの運転手さんは、バス会社の業務の一環

として運転しているよね。でも、交通事故を起こしたら、被害者に対して直接的に損害賠償責任を負う可能性がある。そして、使用者であるバス会社も損害賠償責任を負う可能性がある。実際には、被害者はお金があるバス会社に対して裁判を起こすことが多いんだけど、たとえ業務の一環だとしても、運転手が被害者との関係で責任をまったく負わなくていいというわけではないの。

　なるほどね。だとすると、それなりの覚悟をもって引き受けないといけないんだなぁ。

Check Point

☑ 　法的責任には、主に、刑事責任と民事責任の２種類があります。刑事責任は、罰金を科せられたり刑務所に入ったりする場合がある責任のことです。民事責任は、基本的には、損害賠償責任といって、金銭の支払義務がある責任のことです。

☑ 　国公立学校の教員は、学校の教育活動に関して、落ち度があって、生徒に負傷させたとしても、被害者に対して直接的に損害賠償責任を負うことはありません。他方で、外部の受け皿団体の指導者やコーチに落ち度があって、生徒に負傷させた場合には、個人としての損害賠償責任を負う可能性があります。

Q & A

Ｑ７. 生徒本人や保護者の法的責任

部活動における事故について法的責任が発生する場合があるということですが、生徒本人や保護者が責任を負うことはありますか。

Answer

① 法律上の２つの責任

まず、法律の世界では、主に、刑事責任と民事責任があります。刑事責任というのは、犯罪に該当する行為をしてしまった場合に、刑事罰（罰金や刑務所での拘禁）を問われる責任のことです。部活動の世界では、必要な注意を怠って生徒が怪我をしたりする場面が想定されるため、罪名としては、業務上過失致死傷罪や過失致死傷罪が関係することになると思います。

他方で、民事責任というのは、一般的には、不法行為に基づく損害賠償責任（民法709条）といわれるもののことで、金銭を支払うことによって解決されます。これら刑事責任と民事責任を合わせて法的責任といわれます。

② 誰が責任を負うのか

では、誰がそういった法的責任を負うのかということですが、基本的には、その事故の発生に落ち度がある者全員が責任を負う可能性があります。法的には、危険を予測して注意する行動

をとるべきだったのに危険を予測しなかったり、危険を回避する行動をとるべきだったのにとらなかったりしたかという点（過失があったかという点）と、仮に過失があったとしても、事故（損害）の発生との間に社会的に相当と認められる因果関係があったかどうかという点がよく問題になります。

(1)　生徒本人の責任

まずは、加害者である生徒本人が責任を負う可能性があります。刑事責任については、14歳以上の人には責任能力があります。民事責任については、概ね12歳を超える年齢の者に責任能力があるといわれているため、部活動に参加するような中学生以上の生徒であれば、本人に損害賠償責任が課される可能性が十分にあります。

(2)　保護者の責任

次に、加害者となる生徒に民事上の責任能力がない場合には、保護者は、監督義務者としての責任を負うこととなります（民法714条1項）。監督義務者が監督義務を怠らなかったこと等を立証した場合には責任が否定されることもあります。とはいえ、責任能力がない子の行動については、他人に危険を及ぼさないよう日頃から指導監督する義務があるといわれていますので、監督業務者である保護者が責任を免れることは、現実的には多くはないとされています。

また、少なくとも中学生以上については、生徒本人に責任能力があり、本人が損害賠償責任を負うとされますが、その場合であっても、保護者自身も責任を負うとされる場合も多いところです。最高裁は、「未成年者が責任能力を有する場合であっても監督義務者の義務違反と当該未成年者の不法行為によって

生じた結果との間に相当因果関係を認めうるときは、監督義務者につき民法709条に基づく不法行為が成立するものと解するのが相当」と判示しており（最判昭和49年3月22日民集28巻2号347頁）、保護者に監督義務違反が認められれば、保護者の責任が問われる場合があります。

　例えば、子どもが部活動の練習中に危険な反則行為を繰り返していたことを知っていたにもかかわらず、保護者が家庭で必要な注意をしていなかったという場合です。子どもが同様の反則行為によって他の生徒を怪我させてしまったような事故が生じたときには、保護者の監督義務違反と結果との間に因果関係があるとされて、子に責任能力があったとしても、保護者自身に損害賠償責任が課される可能性があります。

　なお、民事責任については、子ども本人に責任能力があろうがなかろうが、現実には子どもに賠償するだけの資力はありませんから、保護者の責任が追及されるケースが多いといえます。

Q8．教員や指導者の法的責任

　部活動における事故について法的責任が発生する場合があるということですが、教員や指導者が責任を負うことはありますか。

Answer

❶ 教員や指導者の責任

　加害者となった生徒本人や保護者だけでなく、生徒に一番近い立場にある教員や指導者、コーチが責任を負う可能性もあります。

　従来、学校の教員の責任については、「学校の教師は、学校における教育活動によって生ずるおそれのある危険から児童・生徒を保護すべき義務を負っている」との指摘（最判昭和62年2月13日民集41巻1号95頁）や「教育活動の一環として行われる学校の課外のクラブ活動においては、生徒は担当教諭の指導監督に従って行動するのであるから、担当教諭は、できる限り生徒の安全にかかわる事故の危険性を具体的に予見し、その予見に基づいて当該事故の発生を未然に防止する措置を執り、クラブ活動中の生徒を保護すべき注意義務を負う」との指摘（最判平成18年3月13日裁判集民事219号703頁）がされており、教育課程外の活動（課外活動）だとしても、学校における教育活動の一環である以上、教員には必要な注意義務が課されていると理解されてきました。

　もっとも、教員が部活動中の生徒等を常時監視し続けなければならない義務を負っているというわけではなく、最高裁判例では「課外のクラブ活動が本来生徒の自主性を尊重すべきものであることに鑑みれば、何らかの事故の発生する危険性を具体的に予見することが可能であるような特段の事情のある場合は格別、そうでない限り、顧問の教諭としては、個々の活動に常時立会い、監視指導すべき義務までを負うものではないと解するのが相当である」（最判昭和58年2月18日民集37巻1号101頁）との指摘がされています。つまり、具体的な状況にもよりますが、日頃から部員に対して安全管理に関する指導をしているということを前提とすれば、例えば中学校や高等学校においては、生徒のみで危険性のない練習メニューを実施させる場合があるとしても、そのことのみをもって注意義務に違反しているとはいえないものと考えられます。

　本書で紹介するような、民間人として部活動を支える地域の

受け皿団体の指導者やコーチについても、保護者から生徒を預かってスポーツ等に従事させているわけですから、安全かつ適切な指導を行い、生徒を危険から避けるよう注意する義務を負っていると認められることは、異論のないところだと考えられます。すなわち、指導者が属する受け皿団体が保護者との間で生徒の部活動への入会や入部に関する契約を締結しており、指導者個人と保護者や生徒の間で契約関係がなかったとしても、指導者個人が注意義務を果たさずに誰かに損害を与えた場合には、損害賠償責任を負います。このように、契約関係に関わりなく、注意義務違反と因果関係のある損害に対して負うとされる責任を、"不法行為に基づく損害賠償責任（不法行為責任)"といいます（民法709条）。

　この不法行為責任については、団体としての活動を行っているからといっても、団体が代わりに責任を負ってくれる性質のものではなく、その事故や事件の発生に落ち度が認められる個人が責任を負うのが原則となります。部活動関係の事故において、個人が責任を負わなくてよいとされているのは、基本的には公立学校の教員などの公務員のみとなります。公務員である教員個人は、公権力の行使である教育活動に関して損害賠償責任を負うことはなく、学校設置者である地方公共団体が代わりに損害賠償責任を負うものとされています（最判昭和30年４月19日民集９巻５号534頁、最判昭和62年２月６日裁判集民事150号75頁。なお、県費負担教職員の場合には、国家賠償法３条１項に基づいて、給与を負担している都道府県も連帯責任を負います）。公務員である教員個人は、故意又は重過失があった場合には、損害賠償を果たした地方公共団体から、一定の金銭を求償される場面があり得るとされているにすぎず（国家賠償法１条２項)、被害者に対し、直接的に責任を負う立場にはあり

ません。これは、公務員が萎縮することなく公務を遂行するためという説明がされています。国立大学法人化以降の国立大学法人が設置する学校の教員も同様に考えられています。

　ただし、このような考え方であったとしても、公立学校の教員の中には、現実には民事訴訟の被告とされることがあり得ます。そのため、主に弁護士費用への支出に備えて、個人で賠償責任保険に加入する教員もいるようです。なお、外部団体受け皿型による地域移行という方向が模索される場合において、外部の受け皿団体が主体として運営する部活動指導に携わりたいと自発的に考える公立学校の教員が現実にはいると思いますが、そのような教員は、公務員の職務行為として部活動に関わるわけではないため、国家賠償法における考え方は適用されず、個人責任を負う可能性がある点については注意が必要です（Q39参照）。

　他方で、私立学校に勤務する教員は、公務員の職務行為のような特別なルールはありません。したがって、個々の教員が責任を負う可能性があり、この考え方については、部活動の地域移行の在り方による影響を受けません。私人である部活動を支える受け皿団体やスポーツクラブの指導者やコーチについても、公務員ではありませんので、個人の責任が問われる可能性があることとなります。

２　団体の責任

　では、生徒に一番近い立場にある教員や指導者のほかに、彼らが所属するなど一定の関係性を有する法人等の団体についても責任を負う場合があるのでしょうか。

　まず、刑事罰については、基本的に、実際の行為者である自然人に刑罰を科すものとされています。そして、極めて例外的

に、法律の中で"両罰規定"といって、行為者だけでなくその行為者と一定の関係がある法人や事業主が処罰される旨が設けられている場合にのみ、法人等に刑罰が科されることがあるということになります。ただし、部活動における事故で問題となるような業務上過失致死傷罪等については、両罰規定がありません。

　次に、民事責任についてですが、上述1のとおり、国公立学校の教員以外は、その事故の発生に落ち度が認められる個人が責任を負うことになります。また、使用者責任といって、その個人を事業の遂行のために使っている使用者も損害賠償責任を負う場合があります（民法715条1項）。例えば、バスの運転手がバスの運転中に歩行者に怪我をさせてしまった場合には、その運転手だけでなく、使用者であるバス会社も損害賠償責任を負うというものです。バス会社が相当の注意をもって監督していた場合には、責任を免れることもあり得ますが（同項ただし書）、使用者が責任を免れることができる場面は、実際上、極めて稀であると考えたほうがよいとされています。このため、指導者に損害賠償責任が発生する場合には、部活動を担う受け皿団体も、使用者としての損害賠償責任を負う可能性があります（なお、前述した法人格のない団体（権利能力なき社団）であっても、この使用者に該当するとされています）。私立学校も同様であり、私立学校の教員個人が不法行為責任を負う場合には、私立学校を設置する学校法人も使用者責任を負う可能性があります。

　また、外部の受け皿団体で部活動を行う場合には、保護者と当該団体との間で、生徒を部活動に入会や入部させて指導を受けさせる契約が成立しているものと考えられます。この種の契約では、団体側に安全配慮義務といって、部活動に参加して指

導を受ける生徒の安全に配慮する義務が契約に付随する義務として認められます。したがって、この義務違反を根拠として、すなわち、契約違反という主張により、保護者が当該団体に対し、債務不履行に基づく損害賠償請求を行うことも可能といえます（民法415条）。

> ### Q9. 部活動指導員の法的責任
>
> 　学校の部活動を支える人材が不足しているということで、部活動指導員に就任して、区立の中学校における部活動の指導に関与することとなりました。部活動指導員は公務員ですから、個人として損害賠償責任を負うことがないという理解でよろしいですか。

Answer

1　部活動指導員の責任

　部活動の地域移行については、①あくまでも学校が主体となって部活動を実施するものの、学校以外の人材を学校の中に取り込む方向（外部人材取込み型）と、②部活動の運営自体を学校ではなく、外部の受け皿団体に担ってもらう方向（外部団体受け皿型）があるという説明をしました。

　このうち、①の外部人材取込み型の方向を模索するものとして、現在、いくつかの地方公共団体では、部活動指導員の募集をしているものと思います。部活動指導員の職務内容については、平成29年4月に学校教育法施行規則において根拠付けられることとなり、中学校、高等学校等において、スポーツ、文化、科学等に関する教育活動（教育課程として行われるものを除く）

に係る技術的な指導に従事するとされました（学校教育法施行規則78条の２、79条の８第２項、104条１項、113条１項、135条４項及び５項）。スポーツ庁の通知においても、校長の監督を受けて、部活動中に日常的な生活指導に係る対応を行うことなどが求められていたり、校長が部活動指導員に対し顧問を命じることができるとされていたりすることからも、部活動指導員には、学校の教育活動に関する事務を担うことが求められているものといえます（平成29年３月14日付け「学校教育法施行規則の一部を改正する省令の施行について（通知)｣）。

　地方自治体では、部活動指導員の任用については、非正規の公務員である会計年度任用職員としての採用を行っているケースが多いように思われます。会計年度任用職員は、地方公務員法に基づいて採用される公務員であり（地方公務員法22条の２)、その公務員が部活動指導員として学校における教育活動に従事する者であるため、「公権力の行使に当る公務員」（国家賠償法１条１項）に該当すると考えられます。したがって、会計年度任用職員である部活動指導員が個人的に損害賠償責任を負うことはなく、代わりに設置者である地方公共団体が損害賠償責任を負うこととなります。

　また、高度の専門性が認められるとして、会計年度任用職員ではなく、非常勤特別職（地方公務員法３条３項３号）として任用される例もあるかもしれません。この場合も、その身分から「公権力の行使に当る公務員」に該当するものと考えられます。

2　業務委託契約、請負契約の場合

　では、会計年度任用職員などの公務員としての任用ではなく、学校の設置者である地方自治体との業務委託契約によって部活

　動指導員を担うような場合には、どのように考えられるでしょうか。あくまでも民間人の身分で関与することになるといえますので、国家賠償法の適用はなく、個人責任を負う可能性があるのかという問題です。

　一般に、民間人であっても、公的機関の事務に関する一定の権限の行使を委ねられていると認められるのであれば、「公権力の行使に当る公務員」（国家賠償法 1 条 1 項）に該当し、個人として損害賠償責任を負わないとされることもあり得るとされています（Q10参照）。しかし、国家賠償法を適用させるために、校長等が有する公的な権限の行使を部活動指導員に委ねているという考え方をしようとするのであれば、それはもはや、現行の学校教育法制を前提にすると、校長の指揮命令関係に服しつつ、権限の行使を補助的に行うものと考えざるを得ませんので、校長の指揮命令関係には服さない（受託者に裁量がある）性質の契約である業務委託契約や請負契約に基づいて部活動指導員を担うこととは矛盾し、雇用契約の締結（公務員であれば任用処分）が必要になるものと考えられます（なお、校長の監督に服することが求められる部活動指導員について、業務委託や請負という受託者に裁量があるような性質の契約をすることは、不可能であり違法であるとする批判がされています（日本組織内弁護士協会監修、河野敬介・神内聡編『Ｑ＆Ａでわかる業種別法務 学校』191頁、中央経済社））。

　このため、学校教育法施行規則で定めるところの部活動指導員については、業務委託契約や請負契約をもって受託することと、国家賠償法の適用を求めようとする姿勢を法的に両立させることは、困難であるように思われます。

Q10.　依頼元である地方公共団体の法的責任

　地域の受け皿団体が主体となって部活動を運営する場合であっても、公立学校に関する部活動の運営に関与する場面では、公立学校の設置者である地方公共団体から委託や依頼を受けて行うという側面があるといえます。この場合には、受け皿団体やその指導者の落ち度による事故が起きたとしても、国家賠償法の考え方に従って、委託や依頼を行った学校の設置者である地方公共団体に損害賠償責任を代わりに負ってもらうことはできませんか。

Answer

1　問題意識

　外部の受け皿団体が部活動を運営する場合には、公立学校の設置者である地方公共団体から部活動という教育活動に関する公的事務の委託や依頼があったと考えることで、受け皿団体やその指導者の落ち度による事故が起きたとしても、国家賠償法の考え方に従って、委託を行った学校の設置者である地方公共団体に代わりに損害賠償責任を負ってもらうことができるのでしょうか。平たくいうと、部活動を外部の受け皿団体が担う場合も、国家賠償法の適用があると考えてよいのかという問題です。

　やや小難しい法律の話となるため、興味のない方は読み飛ばしていただければと思いますが、いわゆる民間委託と国家賠償という論点であり、これについては、非常に議論が錯綜している法的な課題の一つといえます。国家賠償法1条1項でいう「公権力の行使に当る公務員」については、行政組織法上の公務員

という身分を有する者だけでなく、民間人であったとしても、公権力の行使に関する権限を与えられていれば、これに該当するものとして国家賠償法の適用があり、国又は地方公共団体が代わりに損害賠償責任を負うことになると、一般論としては考えられています。ただし、公的機関から民間団体や民間人へ事務の委託がされたことのみをもって、「公権力の行使に当る公務員」に該当するとされているわけではなく、どのような事務や権限の行使が委託されていた場合にこれに該当することとなるのか、画一的な基準が確立しているものとはいえない状況にあります。これまでの裁判実務では、委託を受けた事務の性質·内容、当該私人と国又は公共団体との関係等の諸要素を勘案したうえで判断されてきたとの指摘がされています（法曹会編『最高裁判所判例解説民事編＜平成19年度（上）＞』20頁〔増森珠美〕、法曹会）。

② 参考となる裁判例

　リーディングケースとなる最高裁判例としては、児童福祉法の措置に基づき社会福祉法人の設置運営する児童養護施設に入所した児童を養育監護する施設の長及び職員について、都道府県の公権力の行使に当たる公務員であると認め、民間人であっても国家賠償法の適用を認めたケースがあります（最判平成19年1月25日民集61巻1号1頁）。この判例では、国家賠償法との関係で「公務員」とされた民間人である職員についても、公務員個人が損害賠償責任を負わないのと同様に損害賠償責任を負わないものとされ、その職員が属する民間団体である社会福祉法人自体も損害賠償責任を負わないこととされました。このような判断がされた理由としては、児童福祉法で定める要保護児童に対する養育監護が、本来都道府県の行うべき事務である

ことを前提として、児童養護施設の長に対して、入所児童に対する監護、教育及び懲戒に関しその児童の福祉のため必要な措置といった権力性のある権限の行使をとることを委ねていることなどを重視したものと考えられます。

このほか参考となる裁判例としては、火災の際、近隣住民が防火水槽に転落して死亡した事故についての損害賠償責任が問題となったケースがあります。消火活動に当たっていた町の消防団OBについて、町が有する公的な権限を委託されて活動していたものとして「公権力の行使に当る公務員」であると認められました（新潟地判平成23年2月25日判タ1365号74頁）。この判断は、消防法において、消防吏員等は、消防対象物の処分等を行う強制的な権限を有していることなどを前提として（法29条1項）、火災の現場付近にいる者を消防作業に従事させることができるとする法令上の権限規定（法29条5項）を踏まえたものと推測されます。

③ 部活動の外部委託における考え方

部活動の地域移行に関しては、地方公共団体から外部の受け皿団体に対して、どのような委託がなされるのかは、各地域の実情に応じて様々なパターンがあると思われ、現時点においては、国家賠償法との関係を一概には検討しにくいところだと思われます。例えば、「今年度から学校における課外活動としての部活動を中止する」という決定と公表がなされ、生徒に対しては地域のスポーツクラブにおける各種のスポーツ活動に参加するよう事実上の誘導が公立学校側から行われるにすぎない場合もあると思います。この場合には、そもそも、地方公共団体から民間の受け皿団体に対する委託があるわけではありませんので、検討するまでもなく、国家賠償法の適用が否定されるも

のと考えられます。

　他方で、地方公共団体と外部の受け皿団体との間で業務委託契約という形で、部活動の地域移行に関する明確な条項からなる契約書が取り交わされて、外部の受け皿団体において部活動が実施される場合もあると思われ、このような場合には、上記の裁判例のような考え方をとることができるのかという点が問題になり得ます。この点については、どのように考えるべきか難しい問題ではありますが、私見では、仮に、地方公共団体と外部の受け皿団体との間で業務委託契約という形で明確な条項からなる契約書が取り交わされたとしても、外部の受け皿団体の指導者を「公権力を行使する公務員」であると認めることは困難であるように思われます。

　なぜならば、部活動というスポーツ・文化活動の実施自体は、そもそも権力性のある営みではなく、社会教育（社会教育法2条）として、広く民間団体においても担われる性質のものであり、公的機関が本来的に行うべき事務とはいえないものだからです。また、懲戒権（学校教育法11条）等の学校に関する公法上の権限の行使が法令等の規定に基づいて外部の受け皿団体に委ねられるということが想定されているわけでもありません。さらに、受け皿団体の指導者は、一定の指導を生徒に行うこととなり、その指導には、必然的に生徒との関係で権力的な色彩を帯びることは否定できませんが、これは、公的機関から権力性・強制性を有する権限の委譲が行われた結果ではなく、部活動の参加を許した保護者からの依頼に基づいて行われた結果（保護者が有する親権に由来する指導の結果）と評価することができます。そして、参加する生徒との関係でも、生徒の自発的な意思で自由に参加されるべき性質の活動であり、部活動の活動費用についても、教育関係法令において本来的に行政側の

負担とされているわけではなく、地方自治体がその裁量で補助をする場面があるとしても、基本的には、参加する各家庭が負担するべきものとされています。このことを踏まえると、民間の団体・人である受け皿団体やその指導者が、地方自治体からの委託や依頼に基づいて部活動を実施する場面であるとしても、部活動の指導を行うことが「公権力の行使に当る公務員」に該当するとは認めがたいように思います。

　したがって、地方公共団体から委託や依頼を受けて外部の受け皿団体が部活動を行う場合には、民法のルールに従って、担い手となる指導者個人や受け皿団体自体に損害賠償責任が発生するものと考えざるを得ず、地方公共団体が国家賠償法に基づき賠償責任を問われることはないものと考えられます。このような考え方に対しては、部活動の担い手を学校以外に増やしていくという政策上の目的から、再考する必要があるとの指摘があり得るかもしれません。ですが、現行の法令の仕組みを前提とすると、そう解釈せざるを得ないのではないかと考えられます。

Q11. 見守りボランティアの法的責任

学校が主体となる部活動の活動日に、顧問の教員が外部の研修に行かなければならなくなりました。そこで、学校から保護者に対し"見守りボランティア"が募集されました。見守り中に、生徒に万が一の事故が発生した場合には、落ち度があった保護者も損害賠償責任を負うことになりますか。

Answer

① 見守りにおける保護者の注意義務

前提として、本問のケースは学校が主体となる部活動であるため、学校が責任を持って行うものです。ただ、学校の教員が多忙を極め、人員にも余裕がない中で、大会前など練習の必要がある場面において、生徒や保護者からの要望を踏まえ、保護者の協力を得つつ、練習を実施するということもあるかと思います。このような場合に、万が一、保護者が十分に生徒を監視しておらず、その結果、生徒に事故等が発生した場合には、学校の管理下による災害であるため、独立行政法人日本スポーツ振興センターによる災害共済給付制度の適用があり、被害を受けた生徒に対しては、一定の補償がされます。しかし、この補償とは別に、ボランティアとして見守りに参加した保護者自身が損害賠償責任（民法709条）を負うことはあり得るのでしょうか。

そもそも、見守りに参加した保護者は、特にそのスポーツ等に造詣があるわけではなく、専門的な知識があるわけではありません。また、保護者は、必ずしも教員免許を有していたり、

教育に関する専門的な教育を受けているわけではないですし、日常的に生徒に対する生活指導や集団を相手にする教育活動を行っているわけでもありません。教員が有する知識や経験とは大きな差があるといえます。さらに、見守り活動は、学校側からの要請に応じて学校の敷地内で行われるものであり、保護者自らが企画立案して、学校外の一定のリスクのある活動に生徒を従事させるといった状況でもありません。

これを踏まえると、見守りボランティアに参加した保護者については、教員が負う義務と同程度の義務、すなわち「できる限り生徒の安全にかかわる事故の危険性を具体的に予見し、その予見に基づいて当該事故の発生を未然に防止する措置を執り、クラブ活動中の生徒を保護すべき注意義務」（最判平成18年3月13日裁判集民事219号703頁）までをも負っているというわけではないものと考えられます。

もっとも、保護者としても、判断能力がある成人として生徒に対する一定の安全管理を引き受けている以上、何らかの事故の発生する危険性を具体的に予見することが可能な事情がある場合には、これを未然に防止するべき義務を負っていると考えられます。ボランティアとして引き受けたからといって、その法的責任自体を免れることはできません（Q21参照）。例えば、サッカー部員がサッカーゴールにぶら下がって遊んでおり、サッカーゴールが今にも倒れそうになっている状況を目撃した場合には、これを制止する義務があるといえますし、吹奏楽部員が音楽室の窓から身を乗り出している状況を目撃した場合には、同様にこれを制止する義務があるといえます。これらの義務を怠り、生徒に怪我等が発生した場合には、見守りをしている保護者個人にも、その生徒との関係で損害賠償責任が発生することがあり得るものと考えられます。

② 国家賠償法の適用

　では、部活動における見守りが公立学校で行われた場合には、国家賠償法の考え方に従って、見守りを行った保護者についても、学校から委託を受けて教育活動の一端を担ったものとして、国家賠償法の適用があり、学校の設置者である地方公共団体に損害賠償責任を代わりに負ってもらうことができるのでしょうか（Q10参照）。

　この点について参考となる裁判例としては、野球部の練習中、ピッチングマシーンから飛び出した球が頭部に当たって高校生が死亡した事故に関するものがあります。このケースでは、民間人である生徒の父兄が監督を務めていました。その監督の損害賠償責任について、裁判所は、「本件事故当時の監督は野球部の練習にほとんど毎日のように立ち会って指導していたことが認められるところ、国家賠償法1条にいう『公務員』には組織法上の公務員のみならず委託・委嘱を受け、または派遣されるなどして国や公共団体のため公権力の行使に該当する職務の一端を担当する者をも含むのであるから、右監督も前同条の『公務員』に該当するものと解される」と判示し、国家賠償法の適用を認めて、民間人である監督個人が損害賠償責任を負わないことを前提とする判断をしました（浦和地判平成元年3月31日判時1327号91頁）。

　しかし、Q10 **2**で紹介した平成19年の最高裁判例よりも前の時点における裁判例であり、平成19年の判例における考え方を踏まえると、学校からの依頼を受けて毎日のように監督として指導に従事していたという事実だけで、「公権力の行使に当る公務員」であるとして、公的団体が代わりに損害賠償責任を負うことになるのかは疑問があるところであり、この裁判例にお

ける考え方が、一般的な見解として確立しているとはいえない
ように思われます。また、そもそも、見守りボランティアは、
継続的に部活動の指導に関わるわけではありませんから、民間
人の監督が毎日のように指導していたという上記の裁判例の事
実関係とは前提が異なっているといえ、この裁判例に依拠して、
保護者である個人が損害賠償責任を負わないと考えることも困
難だと考えられます。

③ 保険の活用

　以上を踏まえると、見守りボランティアに参加する保護者と
しても、損害賠償責任を負う可能性があるということを前提と
して、そのリスクを回避するためには、賠償責任保険に加入し
て、一定の補償を行うことができるように備えておくというこ
とが肝要であると考えられます。もっとも、見守り活動だけを
念頭において保険に加入する必要はなく、各家庭で加入してい
る火災保険や自転車保険などに付帯されている個人賠償責任保
険や、自動車保険に付帯されている個人賠償責任特約などが、
適用対象になる場合もあるかと思います。個人賠償責任保険と
は、日常生活に起因する偶然な事故による損害賠償に備える保
険ですが、単発的に参加する見守りボランティアについては、
保護者としての日常生活の範囲内にある活動であると考えられ
ます。

　また、見守りボランティアをPTA活動の一環として位置付
けることができれば、PTAが加入している賠償責任保険の適
用となる可能性もあります。通常、PTAでは、傷害保険と賠
償責任保険の２種類の保険に加入していることが多いと思いま
す（Q26参照）。

　PTA向けの賠償責任保険の約款では、例えば「PTAが企画、

立案し主催する学習活動及び実践活動でPTA総会、運営委員会などPTA会則に基づく正規の手続きを経て決定された諸活動」をPTA活動と定義したうえで、「PTA活動の遂行に起因して生じた偶然な事故による損害賠償責任を負担することによって被る損害に対して、保険金を支払う」とされているものがあります。このような約款の規定を踏まえると、部活動における見守りボランティアもPTA活動の一環であるとして、PTAの規約や会則において、活動内容として明記しておくとともに、毎年度ごとの活動方針についても、PTA総会や運営委員会（実行委員会）などの機関で正式に決定手続を行うことがあり得ます。そのうえで、PTAの一組織を通してお手伝いの募集や調整がなされた場合には、PTAの一活動という扱いとなり、PTAで加入している賠償責任保険の適用がされる可能性があります。いずれにしても、それぞれの保険会社によって約款の内容が異なるため、事前に確認しておくことが重要であるといえます。

第3章
部活動における事故
- 事故ごとの類型編 -

　部活動での法的責任の基本的な考え方については納得できたコウサク。事故の原因によって責任の有無や重さは異なるのでは、と考えます。例えば、スポーツのプレー中の事故である場合とそうでない場合とで、裁判所の判断が変わることはあるのでしょうか。

★ プレーに内在する事故

　話を元に戻すけど、骨折をしてしまった生徒の保護者からの「サッカーであっても、節度をもってプレーされるべきであり、ちゃんと監督していなかったクラブのコーチにも責任があるのではないか」という苦情は、どう考えればいいのかな。例えば、サッカーの試合中に体がぶつかり合って怪我した場合、責任はないと思うんだけど。"スポーツ中の事故"といっても、プレー中のいざこざとか、いろいろなケースがあるよね。

　良い視点だね。スポーツ事故と法的責任についての整理の仕方は、いろいろあると思うけど、①スポーツのプレーの過程で発生した事故（プレー内在型）と、②スポーツのプレーとは直接関係なく、雷や高温による熱中症などの外的な要因で発生した事故（外的要因型）とに分けて考えることができるかもね。①については、相手に怪我を負わせてしまったとしても、怪我をさせてしまった生徒が競技ルールに従って通常のプレーをしたのであれば、責任を負わないよ。

　そりゃそうだよね。みんな、ある程度の危険があることを納得して参加しているもん。

例えば、私の息子が熱中しているラグビーでは、タックルしてプレー中に対戦相手に体をぶつけることができるし、相手の足にまとわりついて転ばせることもできる。ラグビーの競技で通常見られるタックルの結果、対戦相手が不幸にも大きな怪我をしてしまった場合であっても、怪我をさせたほうは法的責任を負わないよ。ラグビーの選手には、通常のタックル程度では怪我をしないように、筋トレや柔軟ストレッチなど体を鍛錬することが求められているといえるよね。

でも、ラグビーのルールでは、"ハイタックル"という肩から上の部分へのタックルは禁止されているの。だから、このような危険なタックルをわざと行って、対戦相手が怪我をしてしまった場合には、タックルをした選手は法的責任を問われることもあるでしょうね。

なるほど。①のケースでは、その競技のルールとの関係で、通常許されるような動作によって、相手方が怪我をしたかどうかがポイントになるんだね。

だからこそスポーツの指導者は、正しいルールを日々指導しないといけないし、個々のスポーツの特性や危険性を理解して指導しておく必要があるの。仮に、指導者が正しいルールを教えなかったり、そのスポーツから一般的に発生する可能性のある危険を避けるための指導をしなかったりして、安全に十分に配慮しない指導をした結果としてプレー中に事故が起きてしまった場合には、指導者に法的責任が発生することもあるよ。

生徒のコンディションが良くないにもかかわらず、試合への出場を許してしまい、結果的に生徒が怪我をしてしまったような場合はどうなんだろう。特に学生生活最

後の大会には、多少コンディションが悪くても出場した
いって意向を示す子がいるんだよな。保護者も同じよう
な考え方の人も多くてさ。

　よくありそうな話だね。そういう事情がある場合でも、
指導者が危険を避けるために出場停止させるという指導を
しなかったとして、法的責任が発生することもあり得るよ。

　本人の希望に応えた結果でも、責任はこっちに発生す
るのか。それは厳しいな 🗨

　学校における部活動での事故について、学校側の責任
が問われた裁判例は、枚挙にいとまがないくらいたくさ
んあるよ。地域移行後の部活動を運営するにあたっても、
過去の裁判例がとても参考になるの。「あ、こういうこ
とに気を付ければいいんだ」って勉強になるからね。

★ プレーとは直接関係しない事故

　大人になっても勉強しなくちゃいけないのか…。じゃ
あ、②の外的要因型のケースはどうなんだろう。先日も
練習中に雨が降ってきて、遠くで雷の音がしたから、も
しかして雷が落ちることもあるのかなぁと、ふと思った
んだ。でも、雷は自然現象だし、人間の力では避けよう
がないことだから、万が一落雷で誰か怪我をしてしまっ
たとしても、責任を負うことはないよね。こういうの、
"不可抗力"っていうんじゃなかったっけ？　会社の法
務部にいる同期がそんな言葉を使っていたよ。

　いやいや、まったくそんなことはないんだよ。雨が降っ
ていて雷の音が聞こえたら、見晴らしのいいグラウンド
に雷が落ちるかもしれないって予測することができるよ
ね。そういった危険の予測ができるにもかかわらず、危

険を回避するための行動をとらずに不幸にも事故が発
生してしまった場合には、指導者が責任を追及される
ことがあるよ。危険を予測して避けることができたの
に、それをせずに事故を発生させてしまった場合のこ
とを"不可抗力"とはいわないよ。不可抗力というの
は、例えば何の前触れもなく急に落雷や地震が起きて
被害が生じた場合などに使われるの。

そうなのか。でも、うちのサッカークラブの指導者
は、僕も含めて、交通費以外の報酬をもらっていない
ボランティアなんだよね。ボランティアで参加してく
れている指導者であっても、法的な責任を負うという
話になるのかな。

社会には自発的な熱意によって支えられている活動
がいろいろあるけれど、だからといって法的な責任が
全面的に免除されることにはならないよ。もちろん、
"過失相殺"といって、そういう事情が考慮されて、
被害者が被った損害の全額を賠償しなくてもよいとさ
れる場合もあるけど。日本では、ボランティアだから
といって、全面的に責任が免除されるようなルールに
はなっていないんだ。

ボランティアだとしても気が抜けないね。

そういうこと。死亡事故や後遺障害が生じる事故が
不幸にも発生してしまったときには、生徒本人の今後
の人生に重大な影響を及ぼすことになる。だから、関
わる大人にはどうしても必要な注意を怠らないことが
求められるってこと。そのために、基本的な安全対策
や安全管理のための指導を行わないといけないし、そ

れでも避けられない事故が起きたときに備えて保険に入る必要があるね。

　生徒の安全を預かる責任の重さを感じるなぁ。なんだか少し気が重くなってきたよ。

　テスト期間明けなどの久し振りの練習では事故が起きやすいとの指摘もあるみたい。こういうときは、軽めの練習メニューにしたほうがいいともいえるね。

　なるほど。僕たちのような外部の指導者であっても、学校行事をしっかり把握しておく必要があるね。

　部活動は、生徒が充実した人生を享受するうえでとても意味のある活動だけれど、どうしても一定の危険が付き物ともいえるよね。こういったリスクのある活動の担い手を、これまで学校の教員だけに頼ってきたことがむしろ異常だったともいえるのかもね…。

Check Point

☑　スポーツのプレーの過程で発生した事故（プレー内在型）の場合には、それぞれの競技ルールに従って通常のプレーをした結果、相手に怪我を負わせてしまったとしても、法的な責任を負わないことが原則です。このため、指導者は正しいルールや、そのスポーツから一般的に発生する可能性のある危険を避けるための指導を行う必要があります。

☑　落雷や熱中症など、スポーツのプレーとは直接関係のない外的な要因で発生した事故（外的要因型）であっても、指導者が危険を避けるための行動を怠れば、法的な責任を負う可能性があります。

Q & A

Q12. プレーに起因する怪我

スポーツ系の部活動に参加中の生徒が、対戦相手のプレーに起因して怪我をしてしまった場合に、指導者や運営団体はどのような責任を負いますか。

Answer

一般に、スポーツは、身体を使って相手方と競い合う活動ですから、怪我をする危険が内在しているものです。スポーツの競技に参加する者は、お互いにある程度の怪我が発生することは理解し、納得したうえで参加しているものと認められます。このため、競技ルールに従って相当なプレーをした結果、対戦相手が怪我をしても、加害者側の選手は民事責任と刑事責任を含めた法的責任を負いません。これは、ルールに従ってプレーしている加害者側の選手の行為は、社会的に容認される範囲内にある行動であるとして、違法性がないと考えられているからです（東京地判平成元年8月31日判時1350号87頁、札幌高判昭和61年9月30日判夕633号174頁など）。

もちろん、同じプレーだとしても、プロの選手同士により行われる試合、会社内の懇親を目的とした大会、小学生同士で行われる練習試合など、その試合の位置付けによって、参加者に許容されていたプレーのレベルが変わることには注意が必要です。例えば実際の裁判例でも、地域住民相互の親睦を目的とした男女混合のソフトボール大会（出場資格は40歳以上）におい

て、ホームベースの守備をしていた被害者（女性）の両足の間に、片足を入れるような形でスライディングをしてホームベースへの帰還を果たした加害者（男性）の損害賠償責任の有無が問題となったものがあります。裁判所は、得点を得ようとするあまり、被告があえて選択した「危険なスライディング行為に違法性阻却の余地を認めることは困難であると言わなければならない」と指摘し、加害者側に治療費等として約100万円の賠償を命じました（長野地裁佐久支部判平成7年3月7日判時1548号121頁）。

　このように、それぞれの競技ルールに従って通常のプレーをした結果、相手に怪我を負わせてしまったとしても法的な責任を負わないことが原則ではあるものの、その試合の位置付けや参加者の属性によっては、プロ同士では許されるプレーであっても、素人同士では許されないプレーだと評価されて、法的な責任が発生する場合があり得ることには、注意が必要です。

　さらに、言うまでもありませんが、競技ルールで禁止されている危険なプレーにより被害が生じた場合、例えば、サッカーで相手選手のユニフォームを手で掴んだうえで、ひっぱって転倒させて怪我を負わせたような場合には、社会的に容認される範囲を超えた違法な行為と認められ、刑事責任及び民事責任を負う可能性があります。特に、試合に勝つために、わざと相手選手を転倒させることを繰り返して負傷させたような悪質なケースでは、被害者の怪我の程度や意向次第では、加害者側が傷害罪（刑法204条）や暴行罪（刑法208条）などの刑事事件として立件されるおそれがあるともいえます。

Q13. サッカー部での事故

サッカー部ではどのような事故が発生する可能性があり、どのような点に注意する必要がありますか。

Answer

人気スポーツであるサッカーは、競技人口も多く、多くの中学校・高等学校においてサッカー部が存在していると思います。

サッカーでは、ボールが目に直撃して、視力の減退が見られる事故がよく発生しています。独立行政法人日本スポーツ振興センターが災害共済給付金の支給事例を公表していますが、例えば、「運動場でサッカーをしていた。他の児童が、1メートルくらい離れた場所から蹴ったボールが右眼に直撃し、右眼の視力が減退し、視野の中心に暗点が残った。」とか、「運動場でサッカーをしていた際、本生徒が蹴ったボールがすぐ近くにいた他の生徒の足に当たって跳ね返り、本生徒の右眼に当たり負傷し、右眼の視野の中心に暗点が残った。」などといった事故が単年度に複数発生しています（「学校の管理下の災害［令和4年版］」）。相手選手が近くにいる中でボールを蹴る際には特に注意が必要であるため、その観点から指導しておく必要があるといえます。

1 指導者の責任が否定されたケース

部活動ではありませんが、中学2年生の体育の授業でサッカーの試合中、同級生とこぼれ球を蹴り合ったときに、腹部を蹴られた生徒が外傷性膵炎、腹膜炎等の傷害を負ったとして、学校側の責任が追及された裁判例があります（浦和地判平成4年12月16日判時1468号138頁）。このケースでは、体育担当であっ

た教員が休暇を取ったため、別の学年の体育担当であった教員が指導をすることになっていました。ただ、この教員は、授業が終了するまでグラウンドに面した職員室で資料作成作業を行っており、その作業の途中で職員室の窓越しに、準備体操、試合開始前及び試合中の各様子を窺ったものの、サッカーの試合に立ち会わず、試合進行をほぼ生徒らに任せきりにしていました。裁判所は、このような対応について、「指導者が試合に直接に立ち会って、その都度、個別の指導を繰り返すなどして、生徒らに無用の危険が及ぶことのないようにしなければならない」と指摘し、生徒に対する安全配慮に欠ける過失があったと判断しました。もっとも、お互いにボールを蹴り合うプレー自体は、サッカーの試合の中でごく普通に行われているプレーにすぎません。仮に教員が立ち会っていたとしても事故を防げたとはいえず、教員の過失と事故との間に因果関係はないものとして、学校側の責任を否定しました。

　このケースのポイントとなるのは、授業中のサッカーであるという点です。体育の授業では、熟練度の異なる様々な生徒がいることから、教員が直接、試合に立ち会って監視する義務があるとしたものと考えられます。すなわち、本来、生徒による自発的かつ自主的な活動である部活動においては、指導者側に常に立ち会って監視する義務が認められるわけではないと考えられています。ただし、例えば仮入部中の新入生がいる状況で練習をさせるなど、熟練度の低い生徒が参加していることが明らかな場合において、生徒だけの試合中にボールを持っている選手の後方からスライディングをするような行為が繰り返されて、誰も注意する指導者がいなかったために、生徒が怪我をしてしまったようなときには、立ち会わなかったことを理由として、指導者側への注意義務違反が認められる可能性が相応にあ

るといえます。

② 不作為による注意義務違反が問題となった ケース

　また、何らかの怪我が発生した場合に、それに適切な対処（事後措置）を行わなかったという行為（不作為）が注意義務違反として認められることもあります。つまり、「何もしない」という不作為であっても、法的な責任の対象となるということです。

　ある小学校の体育の授業で、サッカーの試合中に、蹴られたボールが児童の眼部に直撃し、その1年余り後に網膜はく離により失明したという事故が発生しました。そのような事故があったことを保護者に連絡しなかった教員の不作為が問題となりました（最判昭和62年2月13日民集41巻1号95頁）。このケースでは、被害を受けた児童が、12歳であって眼に異常があればそれを訴える能力があると考えられること、事故直後から眼に異常を感じていたにもかかわらず、担当の教員が再三尋ねても「大丈夫です」と答えたことや、外観上何らの異常も認められなかったことなどの事情を踏まえ、教員に過失がないと判断されました。ですが、少し状況が異なれば、別の結論もあり得た判例だと思われます。

　本当は深刻な状態であったとしても、判断能力が未熟な生徒や児童が「大丈夫」と条件反射的に答えてしまうことは、よく見られることです。そのため、生徒や児童の態度をそのまま信用してよいといえるかは、状況によって異なるといえます。ボールが目に直撃したという危険性のある事故が発生したのであれば、念のため保護者への連絡を行うべきであったと判断されることもあり得ると思われますので、事故が起きたときには、生徒の言葉を鵜呑みにせずに対応するべきといえます。

Q14.　水泳部での事故

水泳部ではどのような事故が発生する可能性があり、どのような点に注意する必要がありますか。

Answer

　水泳は、学校の体育の授業でも取り入れられていますし、多くの学校で水泳部が設置されていると思います。水泳は、水の中で行うスポーツであるため、他のスポーツと比較しても事故が発生しやすいといえます。しかも、事故が起きた場合には、死亡や後遺障害などの重大な結果が生じる危険性があり、指導者としては、特に注意が必要なスポーツといえます。

　公立中学校の水泳指導の授業中の事故として、問題となったケースがあります。生徒がプールにおいて飛び込みを練習していたところ、プールの底に頭部を激突させてしまい、四肢麻痺等の障害を負ってしまいました。生徒本人と両親が、学校の設置者である地方公共団体に対して損害賠償を請求し、約１億2,000万円の賠償が命じられました（最判昭和62年２月６日裁判集民事150号75頁）。

　この件では、指導者である教員は、２、３歩助走してスタート台に上がってから飛び込む方法を指導していました。裁判所は、こうした飛び込み方法はタイミングが難しく、踏み切る角度を誤った場合には、水中深く進入しやすくなるなどと指摘し、スタート台上に静止した状態で飛び込む方法でさえ未熟な生徒が多いにもかかわらず、この飛び込み方法をさせることは、極めて危険であると判断し、指導者である教員には注意義務違反があったとして、学校の設置者である市に損害賠償を命じています。

　このほか、水泳部の練習中に発生した事故の裁判例もあります。中学１年生が、他の水泳部員が持ち出していたフラフープの輪をくぐってプールに飛び込んだ際に、プールの底に頭部を衝突させ、後遺障害を負ってしまいました。この事故では、顧問である教員の過失が認められ、学校の設置者である特別区に対して約１億7,000万円もの賠償が命じられました（東京地判平成13年５月30日判タ1071号160頁）。このケースでは、教員がフラフープを用いるように指導したわけではなく、他の生徒の１人が、参加すべき練習には参加せず、倉庫に保管され、水泳部の練習においては使用されていなかったフラフープを持ち出すという行動に出たものです。しかし、裁判所は、このような行動を教員が認識した以上は、「上記行動を注意するなどした上で、持ち出していたフラフープの使用方（原文ママ）を問い、その適切な使用方法を教示するか、事情によってはその使用を禁止するなどして、生徒が危険な行為に及んだり、生徒に危険が生じたりしないように、生徒の身体の安全に配慮すべき注意義務かあったものというべきである」として、学校側の責任を認めました。このように、飛び込みは非常に危険性が高い行為であり、これに関する裁判例も多数に及んでいることから、特に、生徒の能力や習熟度に応じて、必要十分な指導をするべき課題といえます。

　また、小学４年生が校外学習としてプールの遊泳に参加した際に溺死してしまった事故において、引率した教員が児童らをプールから上がらせる際に、点呼を取るなどせず、被害児童が約５分もの間、教員に気付かれることなく溺れてしまった点や、監督体制が不十分であった点について、注意義務違反を認め、学校の設置者である市に損害賠償を命じたケースもあります（宮崎地裁延岡支部判平成29年３月29日判例地方自治432号48

頁）。水に溺れてしまった場合には、早期に発見することが大事です。言うまでもないことですが、プールでの活動において定期的な点呼は不可欠だといえます。

Q15. 野球部での事故

野球部ではどのような事故が発生する可能性があり、どのような点に注意する必要がありますか。

Answer

野球は、競技人口も多く、中学校・高校においても、硬式野球部や軟式野球部が設けられていることが多いと思います。小学生からプロまで広く競技されているだけでなく、観戦ファンの層も厚いものがあり、国民に広く慣れ親しまれているスポーツです。しかし、野球は、高速の球をバットで打ち返すスポーツであるため、球やバットが身体へ接触するといった危険が内在しているスポーツであるともいえます。

独立行政法人日本スポーツ振興センターは、災害共済給付金の支給事例を「学校の管理下の災害」として、毎年公表しています。これによると、令和4年度の単年度だけでも次のような事故が紹介されており、競技人口が多いことも影響していると思いますが、他の部活動と比べても多数の負傷事故が報告されています。

① 野球部の活動前に、運動場でバックネットにもたれていた。その前でバットの素振りをしていた他の生徒が、後ろにいる本生徒に気付かずにバットを後ろに振ったため、バットが本生徒の口に当たって負傷し、歯に歯科補綴を加えた。

② 野球部の活動中、運動場でバッティングをしていたとき、本生徒が打ったボールが跳ねて自分の顔を直撃し、左眼の視力が低下、視野の中心に暗点と外傷性散瞳が残った。

③ バスケットボール部の活動中、運動場のゴールでシュート練習を行っていた。野球部が練習している場所にボールが転がったため拾いに行ったところ、野球部員が振ったバットが左眼に当たり負傷した。左眼の視力が減退し、外傷性散瞳が残った。

④ 野球部の活動中、ピッチングマシンを使用しバントの練習をしていた際、マシンから出たボールが口に当たって負傷し、歯に歯科補綴を加えた。

⑤ 運動場で野球部の練習試合中、守備でフライボールを捕ろうとした際、ボールが顔に当たって負傷し、歯に歯科補綴を加えた。

⑥ 体育館で野球部の活動中、素振りをしている他の生徒に気付かずに通りかかった際、顔に他の生徒のバットが当たった。前歯を負傷し、歯に歯科補綴を加えた。

1 指導者の過失が認められたケース

　裁判例としては、部活動ではありませんが、投球の練習をしていた際に、投手役が投げた硬球が周囲にいた小学生の後頭部に命中して、その小学生が死亡し、捕手役をしていた当時14歳の中学3年生本人と保護者の責任が追及されたケースがあります（大阪地判昭和55年7月14日判時999号87頁）。裁判所は、「過って暴投となった硬球が（…）後方にいる小学生に当たる可能性のあることを充分予見することができたというべきであり、しかも、既に14歳で中学3年生であったから、人に硬球が当たっ

たときの危険性について認識する能力を有していたと認めることができる」として、投球練習を続けた当時中学3年生であった生徒本人に損害賠償責任を認めています。また、保護者である父親についても、子の日常の行動を適確に把握し、注意力において差のある小学生がいる付近では気を配って野球をするよう指導して監督する義務があったのに、これを怠ったとして、損害賠償責任を認めています。学校の部活動においても、一つのグラウンドにおいて他の部活動の生徒が練習していることもあり得ますので、当たり前のことではありますが、ネットを設置して練習の区画を分けるなど、周囲の状況に留意しながら練習を行う必要があります。

　また、野球部の部活動においては、バッティング練習が行われますが、打球に当たって怪我をするという事故がよく起きています。例えば、中学1年生の生徒が朝練習中に右眼に打球の直撃を受け、網膜委縮等の傷害を負った事故に関して、顧問である教員が防球ネットの配置を徹底せず、かつ、判断能力が未熟な1年生に対する特別の安全指導を行っていなかったなどとして、教員の注意義務違反を認め、学校の設置者である市に約2,000万円の損害賠償を命じた裁判例があります（横浜地判平成25年9月6日判例集未搭載）。このケースで被害を受けた生徒は、ピッチングマシンを使ったフリーバッティング練習において、ピッチングマシンにボールを供給する係を担当していました。そこでボールを拾い集めていたところ、バッターの打球が当たってしまったものです。裁判所は、教員が朝練習に稀にしか出席していなかったことや、ピッチングマシンの前面及び右前方に防球ネットを設置することになっていたにもかかわらず、右前方には設置されていなかったこと、部員らに対してフリーバッティング練習のボール係の危険性について十分な理解

を得させる指導を行っていなかったことなどを認定しました。そのうえで、「フリーバッティング練習において必ず本件各ネットを適切な位置に設置し、また、ボール係が本件各ネットで保護されるよう、同ネットから出ることのないよう、指導することが徹底されていたとはいえない」として、教員の注意義務違反を認めています。

② 指導者の過失が否定されたケース

他方で、同様のバッティング練習の事例ですが、教員がしっかりとした指導を行っていたため、教員の注意義務違反が認められず、学校側の責任が追及されなかったケースもあります。野球部の部活動において、ピッチングマシンを使用したバッティング練習をしていたところ、打者の打ち返した打球が、防球ネットの間を通り抜けて高校2年生に当たったケースです（新潟地判平成14年5月14日判例集未搭載）。このケースでは、被害を受けた生徒自身が防球ネットを微調整して隙間を生じさせてしまったことや、練習ではピッチングマシンによる発射と投手役による投球が交互に行われていたところ、教員の指導に基づき、マネージャーが大きな声で合図を発してピッチングマシンに球を入れて発射させ、その声を聞いた次の投手役の部員はその発射された球の行方を見届けてから投球をするという練習方法で安全確認が行われていたことなどが認定されており、教員の注意義務違反が否定されました。

このように、ピッチングマシンを利用する際には、その取扱説明書などに従って、防球ネットを正しく設置する必要があるなど、打球が当たる可能性があるボール係に対して十分な安全管理の指導をする必要があるといえます。この際には、指導者としては、防球ネットの耐久年数もしっかり把握し、損傷の有

無についても把握しておく必要があります（損傷がある防球ネットを利用して負傷事故が発生したケースにおいて、学校側の責任が認められた裁判例もあります（神戸地判平成11年3月31日判タ1011号229頁））。加えて、マシンを操作する部員やマネージャーには、防具を着用させる指導を行うことも重要だといえます。

Q16. テニス部での事故

テニス部ではどのような事故が発生する可能性があり、どのような点に注意する必要がありますか。

Answer

　テニスというと、水泳や柔道、ラグビー等に比べると、一般的には安全なスポーツという印象があります。しかし、事故が発生することもあります。

　部活動での事故というわけではありませんが、テニス中の事故で実際に裁判となったケースがあります。テニススクールで初心者に対する講習中、ボール拾いをしていた受講生に対し、他の受講生の打ち返したボールが当たり、目を負傷してしまったケースです（横浜地判昭和58年8月24日判タ510号137頁）。このケースでは、バックハンド・ストロークの指導をする際に、コーチがコートの中央に立ち、反対側のコートのサービスライン付近にいる受講者2名に向かって、交互にかつ連続してラケットでボールを送り出し、これを打ち返させる練習をしていました。しかし、他の受講者に対しては、コーチが送り出すボールを途切れさせないため、打ち返されたボールを拾ってコーチの手許に届けるよう指示していました。練習者の近くでボール

拾いをすることの危険性やその危険防止について何の指導もされていなかったことから、コーチに注意義務違反が認められました。そして、テニススクールを運営していた会社に対し、損害賠償が命じられています。

　また、テニスでは、コートの中に審判台が設置されており、これによじ登って遊んだりして、転倒する事故が想定されるところです。部活動に関する事故ではないですが、中学校の校庭開放中に、幼児がテニスの審判台に登り、審判台の後部から降りた際に転倒し、審判台の下敷きになって死亡した事故があります。保護者が設置管理者である町を相手に、審判台の安全性が欠いていたとして損害賠償請求を起こしました（最判平成5年3月30日民集47巻4号3226頁）。この事件で最高裁は、審判台の後部から降りるという極めて異常な用法により転倒したものであることに着目して、審判台自体の安全性に問題がないものと最終的に判断しました。ですが、その前段階にある下級審では、「審判台が後方に転倒することがないように、これを地面等に固定させるか、不使用時は片付けておくか、より安定性のある審判台と交換するなどして、事故の発生を未然に防止すべきであった」などという指摘がされ、町側の責任を認める判決が下されていました。いずれにしても、生徒に対しては、審判台に集団でよじ登ったりするなど、本来の用法とは異なる使い方をしないよう指導することが必要といえます。さらに場合によっては、審判台にそのような注意書を表示しておくといった対応を行うことも、事故を防止し指導者側の責任を回避するうえで、重要な取組みになると思います。

Q 17. 陸上部での事故

陸上部ではどのような事故が発生する可能性があり、どのような点に注意する必要がありますか。

Answer

　陸上部では、ボールやラケットなどを使用することはありませんが、競技種目によっては、重大な後遺障害を伴う怪我が発生することもあります。

　裁判例として、次のケースがあります。県立高校の陸上部に所属していた生徒が棒高跳びの練習中に跳躍に失敗し、靭帯損傷の傷害を負ってしまいました。そして、その3週間後に、陸上競技大会に出場しましたが、棒高跳びの競技中に空中でバランスを崩して落下し、両上下肢機能障害及び神経因性膀胱直腸障害の後遺障害を負ってしまったという事故です（福岡高判平成22年2月4日判タ1342号128頁）。この生徒は、3週間前の負傷を理由として、先行する別の国体選考会への出場を棄権していました。さらに、体調への不安から、当該陸上競技大会における他の種目（幅跳び及びリレー）への出場を棄権するなどしており、顧問の教員もこういった事情を認識していました。このため、裁判所は「A教諭は、（…）先行負傷の状態やB生徒が体調に対して抱いている不安の内容等を具体的に確認した上、B生徒に指示して本件試合への出場をやめさせるべき注意義務を負っていたものというべきである。しかるに、A教諭は、上記注意義務を怠り、B生徒に対して先行負傷の状態や同人が体調に対して抱いている不安の内容等を何ら尋ねることなく、B生徒を本件試合に出場させたものであり、その結果、本件事故が発生したものである」としました。裁判所は、このように

教員に注意義務違反を認め、学校の設置者である県に対し、約
1億2,000万円の損害賠償を命じました。

　この事例で特に注目するべきなのは、教員が試合に出場しな
いように指示したとしても、生徒本人が「自分には跳ぶ自信が
あるから本件試合に出場したいなどと述べた可能性がある」と
認定されていたにもかかわらず、裁判所が、教員自身も棒高跳
びの選手であり、30年以上にわたって指導をしてきたことを踏
まえ「たとえB生徒が上記のとおり述べたとしても、前判示の
注意義務を免れることはできないのであり、担当教諭として、
B生徒に指示して本件試合への出場をやめさせるべきであった
といえる」と指摘した点です。裁判所は、判断能力が未熟な中
学生・高校生の話を鵜呑みにしてはいけないという趣旨の指摘
をしているものといえ、指導者側にとっては、重い負担を伴う
ものだと思います。

　陸上部に限らず、多少の怪我をしていても、学生生活最後の
大会などという事情から、「絶対に出たい」と希望する生徒が
いることは、部活動の世界では往々にして見られる現象です。
生徒本人がどうしても出場したいという強い主張をした場合で
あっても、指導者としては、生徒の生命や安全に勝るものがな
いという姿勢で対応するべきだといえます。それでもなお、怪
我の程度を踏まえ、生徒の希望を叶える余地があり得るという
状況であれば、保護者や生徒と十分に話し合い、リスクについ
ての説明をし、あくまでも保護者や生徒にそのリスクを引き受
けてもらったうえで、試合への出場を許可するべきだといえる
でしょう。

Q 18. 柔道部での事故

柔道部ではどのような事故が発生する可能性があり、どのような点に注意する必要がありますか。

Answer

　柔道は、武道であり、相手方との身体的接触を基本とするスポーツです。ですから、柔道部は特に事故に留意が必要な部活動といえます。柔道に関する事故は、過去、学校生活において多々発生してきたところです。

❶ 指導者の過失が認められたケース

　柔道クラブに新入生として参加していた中学１年生が、練習に参加していた柔道初段の高校１年生に背負い投げで投げられた際に、道場畳に前頭部左側を強打し、その結果、脳内出血、脳軟化症の傷害を受け、右半身麻痺等の後遺障害が残ってしまいました。このケースにおいて裁判所は、教員の注意義務違反を認め、市に約1,000万円の損害賠償を命じました（熊本地判昭和45年７月20日判時621号73頁）。

　また、中学３年生の体育の授業において、柔道部員である生徒が大内刈り（相手の足のひざの裏側へ自分の足を内側から掛け、刈るように倒す足技）を掛け、受け身に失敗した相手の生徒が後頭部を強打、急性硬膜下血腫となり、後遺障害が残ってしまった事故があります。このケースでは、学校の設置者である市に損害賠償が命じられました（松山地判平成５年12月８日判時1523号138頁）。この事故で被害者となった生徒は、柔道の経験がなく、受け身の練習をしたとはいえ、その練習時間も少ないものでした。また、技を掛けられての受け身をした経験も

なく、技に対応して受け身をすることについては未熟な状態でした。教員は、このことを認識していたにもかかわらず、柔道部員である生徒に命じ、大内刈りを掛けさせて受け身の練習を行わせて怪我を負わせたのです。こうした点から、教員は注意義務に違反しており、事故発生について過失があるとされ、裁判所は市に約2,000万円の損害賠償を命じました。

❷ 指導者の過失が否定されたケース

　他方で、指導者の過失が否定されたケースもあります。中学1年生が柔道部の乱取り練習（お互いが技を掛け合う自由練習）中に、2年生から大外刈りの技をかけられて負傷してしまったケースです。被害を受けた生徒が練習に通常必要とされる受け身を習得し、乱取り練習についてもある程度の経験を重ねており、これまでの練習において特に危険が生じていなかったなどの事情を踏まえて、顧問である教員に注意義務違反はないものと判断されました（最判平成9年9月4日裁判集民事185号63頁）。このケースで裁判所は、「本件事故当時、（被害を受けた生徒）が特に疲労していたなど事故の発生を予見させる特別の事情の存在もうかがわれず」との指摘をしていますので、仮に、被害生徒の体調不良などを認識し得た場合には、注意義務違反が肯定されることもあろうかとは思います。ですが、十分に練習経験を重ね、当日のコンディションも問題なかった生徒が偶発的に怪我を負ってしまった場合には、指導者側の法的責任は認められないということとなります。

　このように、柔道では受け身の訓練が不足している生徒に関する事故が多発しています。指導者としては、生徒それぞれの熟練度合いに応じた練習や試合に参加させるべきといえます。

Q19. 熱中症での事故

いろいろなスポーツに共通する危険である熱中症については、どのような点に注意する必要がありますか。

Answer

スポーツのプレーそのものからの怪我というわけではありませんが、主に外的な環境によって生じる熱中症については、部活動と切っても切れない関係があり、夏場の練習や試合においては、特に注意が必要な疾患といえます。

熱中症により生徒に健康被害が生じたとして、学校側に損害賠償を求められた例は、これまでもたくさんあります。熱中症の危険性については広く報道されるようになっており、このような社会情勢を踏まえると、法的な責任を判断するうえでも、「熱中症になるとは思わなかった」などの反論は許されない場合が多いものと考えられます。特に、近年では気候変動の影響により、地球全体で平均気温の上昇が指摘されています。そのことから、屋内スポーツ・屋外スポーツを問わず、夏場においては特に注意が求められている疾患であり、指導者は、その対処方法についても事前に十分な習得をするべき事象といえます。

1 裁判例

過去の裁判例を見てみましょう。県立高校のテニス部の部員が屋外練習中に倒れて心停止となり、重度の後遺症が生じた事故がありました。このケースで裁判所は、熱中症の罹患による重度の心筋障害が心停止の原因であると認め、顧問の教員の注意義務違反を認めて県に約2億3,000万円の損害賠償の支払い

を命じました（大阪高判平成27年1月22日判時2254号27頁）。

　この裁判例では、熱中症の危険因子として、①気温・湿度、②暑さに対する慣れ（暑熱馴化）、③水分補給、④透湿性・通気性の良い帽子・服装の着用、⑤生活習慣（睡眠不足、風邪、発熱、下痢などの体調不良等）が発症に影響を及ぼす要因になるとしたうえで、次のような事実を認定しました。

- 練習時間が最も暑い時間帯である午後0時から午後3時まで行われていたこと
- 事故が発生した練習当日は、高校の定期試験の最終日であり、生徒である部員らがその試験勉強のために十分な睡眠をとることができていない可能性があったこと
- 事故当日は初夏であり、すでに前日等において当該地域では25度を超える気温となっていたこと
- 当日は天候も良く、テニスコート内の気温が上昇して30度前後となることが予測できたであろうこと
- テニスコート内にはめぼしい日陰もなかったこと
- 事故が発生した生徒が帽子を着用していなかったことを教員も認識していたこと　　　　　　　　　　　　　　など

　こうした事実を踏まえて裁判所は、教員が練習に立ち会うことができず、部員の体調の変化に応じて時宜を得た監督や指導ができないのであれば、教員において部員らの健康状態に配慮し、事故当日の練習としては、通常よりも軽度の練習にとどめたり、その他休憩時間を設けて十分な水分補給をする余裕を与えたりするなど、熱中症に陥らないようにあらかじめ指示・指導すべき義務があったにもかかわらず、これを怠ったものと判断しました。

　また、室内競技である剣道部の練習中において、熱射病（熱中症のうち特に症状の重いもの）により生徒が死亡した事故のケースもあります。事故にあった生徒は、練習の途中で「もう無理です」と述べ、その後に竹刀を落としたのにそれに気付かず、竹刀を構える仕草を続けるなどの行動を取っていました。裁判所は、熱射病が意識障害という徴候を持つことを前提としたうえで、こうした生徒の状況を認識していた教員は直ちに練習を中止させ、救急車の出動を要請するなどして医療機関へ搬送し、それまでの応急措置として適切な冷却措置をとるべき注意義務があったにもかかわらず、これを怠ったものと認定しました（大分地判平成25年３月21日判時2197号89頁）。

　さらに、野球部でのケースもあります。県立高校の２年生が野球の練習中に熱中症に罹患し、その１か月後に死亡した事故において、県の責任が追及されたものです。この生徒には、100ｍダッシュを再開した後、間もない段階で、足を上げても足があまり前に出ておらず、遅すぎるという異変があったようです。保健体育科の教諭であった監督が、その生徒の状況を注視していれば同様の状況を認識することができたとし、100ｍダッシュを中止させる注意義務を負っていたにもかかわらず、これを怠って100ｍダッシュを続行させた点に過失があるとされました。また、監督は、この生徒の過呼吸を疑い、倒れた生徒の背中をさすったり、麦茶を飲ませようとしたようですが、大量発汗し、顔色が青ざめているといった状況からすれば、熱中症を疑って身体を冷却するなどの応急処置を取るべきであったのに、この義務を怠ったとも指摘されています（高松高判平成27年５月29日判時2267号38頁）。

　加えて、水の中のスポーツである水泳中であっても、熱中症に罹患する場合があります。水泳教室に参加した練習生が、水

泳中に熱中症により死亡した事故がありました。一定時間ごとに強制的にプールから上げて給水させるなどの措置を怠ったとして、運営法人側に損害賠償が命じられている裁判例（大阪地判平成29年6月23日判タ1447号226頁）もあります。

2 熱中症リスクへの対応

　熱中症を予防するためには、指導者側において水分補給の指導や、無理のない練習計画の策定を行う必要があります。最近では、気温に加えて湿度や日射などの周辺の熱環境を考慮に入れた暑さ指数（WBGT）が広く参照されており、日本においては環境省により全国の地点ごとの暑さ指数が公表されています（https://www.wbgt.env.go.jp/wbgt_data.php）。

　暑さ指数が「危険（WBGT31以上）」となった場合には、「運動は原則中止」とされていることから、このような状況下で部活動を実施し、万が一熱中症に関する事故が発生した場合には、常時日陰となっているグラウンドで極めて短時間の練習を行ったなどの例外的な状況でない限り、基本的に過失があると判断される可能性が高いように考えられます。そのうえで、仮に、生徒が熱中症に罹患した場合には、生徒の異常にいち早く気付き、身体の冷却などの適切な応急処置を直ちに行うことが求められているといえ、そのような対応を行わなかった場合には、法的な責任が問われる可能性が相応にあるといえます。

Q 20. 落雷での事故

　サッカーの練習中にグラウンドに雷が落ちて、参加した生徒に後遺障害が残ってしまいました。誰がどのような責任を負いますか。

Answer

　本問も前問と同様に、スポーツのプレーとは直接的な関係がない外的な要因で発生した事故に関する問題です。

　民事責任にせよ刑事責任にせよ、故意ではなく不注意で他人に傷害を与えた場合にも、法的責任を負うことがあります。どのような場合に負うのかを簡単にいうと、"注意することができたにもかかわらず、注意しなかった場合"といえます。

　例えば、私立高校の生徒が課外クラブ活動としてサッカーの試合を行い、その最中に落雷により生徒が負傷し、重度の後遺障害が残った事故があります。引率者兼監督の教員に落雷事故発生の危険が迫っていることを予見すべき注意義務の違反があるとして、学校を経営する学校法人に対する損害賠償請求訴訟が提起されました（最判平成18年3月13日裁判集民事219号703頁）。最高裁は、「落雷による死傷事故は、平成5年から平成7年までに全国で毎年5〜11件発生し、毎年3〜6人が死亡しており（…）A高校の第2試合の開始直前ころには、本件運動広場の南西方向の上空には黒く固まった暗雲が立ち込め、雷鳴が聞こえ、雲の間で放電が起きるのが目撃されていたというのである。そうすると、上記雷鳴が大きな音ではなかったとしても、同校サッカー部の引率者兼監督であったX教諭としては、上記時点ころまでには落雷事故発生の危険が迫っていることを具体的に予見することが可能であったというべきであり、また、予

見すべき注意義務を怠ったものというべきである」と判示し、落雷を予見することができなかったという私立学校側の主張を否定しました。

その後の差戻審において、私立学校側から、落雷を回避するにしても避難場所がなかったという主張がなされましたが、これに対し裁判所は、「各コンクリート製柱を中心とした半径8メートル（同柱の高さに相当する。）の円内で、かつ、柱から2メートル程度以上離れた部分が避雷のための保護範囲となり、この範囲内にとどまる限り、落雷の直撃に遭う危険性はかなりの程度軽減されることが明らかであり、また、コンクリート製柱は同広場の外周の東側、北側、西側に10ないし11メートルの間隔をもって合計50本が存在していたことからすると、これにより形成される保護範囲は相当広範囲に及び、A高校の第2試合開始直前ころ同広場にいた約200名の生徒ら全員が一時的にしゃがむなどしてとどまり、避雷する場所としては十分な面積があったものということができ」たと指摘して（高松高判平成20年9月17日判タ1280号72頁）、すぐに試合を中止して避難を行わなかった教員の行動に注意義務違反を認め、学校法人側に約3億円の損害賠償を命じました。

このように、自然現象に起因する危険であっても、指導者がそのような危険を予見でき、そして、その危険を回避することができたにもかかわらず対処しなかった場合には、法的責任を負う可能性があることになります。落雷による死傷事故は、風水害などの他の自然現象による災害に比べれば件数が少ないといえ、日常的な経験に照らしてみても、あまり遭遇しない出来事といえます。これを踏まえると、上述の落雷の裁判例における指摘のように、「雷鳴が聞こえたら、すぐに避難のための行動が求められる」というのは少し厳しい判断のようにも思いま

す。ですが、落雷は人命に関わる重大な結果をもたらすもので
す。用心してもしすぎることはない、という価値判断があるよ
うに思います。

Q21. ボランティアが指導中の事故

　ボランティアとして参加している指導者についても、
事故が起きた場合には、法的な責任を負わなければなら
ないのですか。

Answer

　日本では、報酬をもらっていないボランティアであったとして
も、危険を伴う活動において生徒の指導や監督を引き受けた
以上、一定の注意義務を負うものと考えられています。すなわ
ち、その注意義務に違反して、生徒に怪我等の損害を与えた場
合には、法的責任を負うこととなります。

　例えば、子ども会のハイキングに参加した小学生が川遊びを
していたところ、岩から水中に滑り落ち溺死してしまった事故
において、引率者らの損害賠償責任を認めたケースがあります
（津地判昭和58年4月21日判時1083号134頁）。このケースでは、
裁判所は、社会的経験を積み、分別のある大人としての引率者
において、児童らの生命・身体が重大な危険にさらされること
のないよう配慮することが必要だと指摘しています。そのうえ
で、そのための監視体制を整えて事故を未然に防止する義務を
怠ったとして、引率者のうち事前の下見に参加していた一部の
者らの責任を認めました。ボランティアで参加した引率者で
あっても、一定の責任を認めたリーディングケースとなった事
件です。もっとも、「無償の奉仕活動によって支えられている

子供会活動の一環として実施されたもの」であることも踏まえ、
8割の過失相殺を行い、損害のうち2割部分の賠償を命じるという配慮がされてはいます。

　また、少年剣道会の指導者が、活動の一環として海岸の磯遊びを引率したところ、参加した小学6年生が溺死する事故がありました。このケースでは、指導者側に過失があったとして損害賠償責任が認められました（札幌地判昭和60年7月26日判時1184号97頁）。指導者側は、ボランティア活動中に発生した事故については、故意にも匹敵する重大な注意義務違反があったときにのみ損害賠償責任を負うべきだという主張をしました。しかし、裁判所は、「被告らの活動が無報酬の社会的に有益ないわゆるボランティア活動であるということのみから当該活動の場で予想される危険についての予見及び結果回避に必要な注意義務が軽減又は免除されるべきであるとの結論を導くことはでき」ないとしました。そのうえで、「小学生を海岸で遊ばせる場合、引率者としては、児童が海で溺れることのないよう、海の深さ、海底の起伏、潮の流れの向き及び強弱等につき事前に十分な調査をし、その調査結果を踏まえて児童に対する注意と指導を徹底しておくこと及び児童が危険な行動に出ることのないよう常に監視と救助の体制を整えておくべき注意義務があるものというべきである」として、損害賠償責任を肯定しました。もっとも、裁判所は、指導者側が剣道の有段者にすぎず、児童らに対する安全指導の能力や監督体制の整備等につき信頼すべき基盤もなかったことや、児童があらかじめ指示されていた水域を越えたところで水遊びをしていたことを踏まえ、8割の過失相殺を行い、損害のうち2割部分の賠償を命じるという配慮がされてはいます。

　このように、ボランティアの指導者であっても、判断能力が

未熟な子どもを指導する場合には、一定の注意義務を負い、これに違反して損害を与えた場合には、損害賠償責任を負うこととなります。もちろん、無償による活動という点が考慮され、過失相殺という配慮がされることが多いものの、責任自体が否定されるという考え方は採用されてはいません。

Q 22.　文化系部活動での事故

　吹奏楽部などの文化系の部活動においても、事故について気を付けておいたほうがよいことはありますか。

Answer

　文化系の部活動であっても、事故と無縁というわけではありません。独立行政法人日本スポーツ振興センターは、災害共済給付金の支給事例を「学校の管理下の災害」として、毎年公表しています。

　これによると、文化系の部活動の中でも特に部員が多く、精力的な活動がされていることが多い吹奏楽部について、次のような事故があるとされています。

---

① 校舎５階の音楽室で吹奏楽部の練習開始前に、滑りやすい素材のカバーが掛かったグランドピアノの上に登り、窓を開けようとした際に誤って転落した。

② 吹奏楽部の活動中、開けた状態で廊下に置いてあった楽器ケースを走って飛び越えた際、ケースの金具に右大腿部が当たって負傷した。

③ 吹奏楽部の練習終了後、マーチングドラムを収納しようとしたところ、ドラムの金具に指を挟み、切断した。

　楽器を扱う吹奏楽部に特有の事故が発生していることがわかります。吹奏楽部では、ドラムやチューバなどの大型の楽器を扱うことがあり、このような大型の楽器に手足を挟む事故が発生しやすいため、特に楽器の扱い方に対する指導が必要といえるでしょう。

　このほか、文化部であっても、その活動内容によっては、実験をしたり機械を利用したりと、一定の危険を伴う活動を行うものがあります。例えば、「自然科学クラブの活動中、理科室で溶かした蝋を紙コップに入れて運んでいた際、手を滑らせ紙コップを落とした。その際、大腿部と指に蝋がかかり熱傷となり、右大腿部に瘢痕が残った」という事故や、「自然化学部の部活動中、実験器具を準備していた際、ゴム栓がついたガラス管を両手で持ち、ゴム栓を動かそうとしたが動きにくかったため力を込めたところ、ガラス管が割れて、本人の左手とガラス管が左眼を直撃した。左眼球が破裂し、調節機能障害と外傷性散瞳が残存した。」という事故、「メカトロニクス部の活動中、機械加工実習室でロボットアメリカンフットボールの機体に使用する部品を、機械を使用して研磨していた際、誤って左第1指が機械に巻き込まれた。左第1指の指骨の一部を失った」という事故なども発生しています。

　部活動ではなく小学校の理科の授業における事故ですが、実験関係の裁判例として、メチルアルコールを入れた試験管を湯の入ったビーカーにつけて熱することによりアルコールを気化させて火をつける実験の際に、生徒が火傷したものがあります。教員に指導上の過失があるとして、市に損害賠償責任が認められました。このケースでは、教員が湯を取りに行くために実験室を離れたものですが、裁判所は「メチルアルコールは引火し

やすく突沸の危険もあるのであるからその取扱いには細心の注意を払う必要があり、また、生徒が取り扱う場合も常時監督し、安全が確保できるように指導する義務があったにもかかわらず、これを怠り、実験に使用する湯を取りに行くため理科室を離れ、その間生徒に実験を継続させ試験管を傾けて実験しているのを止めさせなかった過失がある」と判示しています（熊本地判平成２年11月９日判時1377号113頁）。

　生徒の年齢によっても、指導者が常時監視しなければならないかどうかが異なり、その実験の内容や危険性次第でも、注意が求められるレベルが変わってくるものです。文化系の部活動においても、事故の危険が十分にあるところですので、関わる指導者は十分に留意する必要があるといえます。

第4章
部活動における事故
- 責任軽減・保険編 -

STORY

　コウサクはレイコから様々な裁判例を聞き、部活動中の事故にまつわる法的責任について学びました。指導に際し、気を付けるべきポイントはわかりましたが、事故が起きてしまった際の責任の重さに不安が残ります。万が一に備え、何をしておくべきなのでしょうか。

★　「責任を追及しない」と誓約してもらったら？

　部活動の指導には法的責任が付きまとうってことがよくわかったよ。部活動の特性に応じて、危険を避けるための注意を日々しないといけないね。

　そうだね。生徒と指導者の身を守るために必要なことだと思うよ。

　そういえば、夏休みに家族で沖縄に行った時、スキューバダイビングを体験してさ。参加する際に運営側から、「事故やトラブルが起きた場合であっても、一切の責任を追及しません」という書面にサインさせられたんだ。
　部活動の指導を行う場面でも、生徒の保護者からこういう書面をもらっておけば、何かあったとしても指導者が責任を追及される事態は防げるんじゃないかな。良いアイデアだと思うんだけど、どう？

　スキューバダイビング体験でサインしたというその書面、そもそも法的には無効だと思うよ。消費者契約法という法律があって、事業者側の損害賠償責任を全部免除するような合意は無効とされているからね（同法8条1項1号、3号）。

そうなの⁉ でもさ、僕たちコーチは報酬をもらっているわけじゃないし、保護者からも会費として試合の遠征費やボールの購入代金等の実費程度しかもらっていないよ。法人格もないし、こういう団体の活動であっても、僕たちが事業者という扱いになるのかな。

消費者契約法では、"法人その他の団体"が事業者とされているから（同法2条2項）、法人格のないサッカークラブも消費者契約法の適用がある事業者になるとされているよ。営利目的かどうかや公益目的があったかどうかは関係がないんだ。

そうなんだ、それは厳しいな。事業者だという認識がまったくなかったよ。

たとえ消費者契約法の適用がなかったとしても、スポーツ経験がある指導者と、スポーツ経験のない生徒の間には、知識や経験の差があるわけでしょう。人の生命や身体という極めて大事な利益について、「一切の責任追及を放棄します」なんていう合意は、公序良俗（民法90条）に反して無効だとも考えられるよ。

「このスポーツでは、こういうリスクがある」ってことをわかってもらうために、書面にサインをしてもらおうと思ったんだけど、あまり意味がないならやらなくてもいいかもなぁ。

必ずしもそんなことはないよ。保護者の中にはそのスポーツの経験がない人もいるわけだから、「このスポーツでは、このような事故がよく起きます」とか、「こちらもよく指導しますが、熱中症予防のために十分な量の水分を持たせてください」といった説明を事前に行うこ

とは大事だよね。こういった説明をしていたかどうかも、損害賠償責任が判断されるうえで重要な事実になることもあるよ。

★　どのような保険に入ったらいいの？

なるほど。お互いの信頼関係を構築するうえでも、保護者との対話も大事だよね。

そういえば、外部の受け皿団体が主体となって運営する部活動では、災害共済給付制度の適用がないから保険にちゃんと入るように、って以前に言っていたよね。どういう種類の保険に入ったらいいのかな。

まずは傷害保険への加入を検討しよう。そのためには、①外部人材取込み型と②外部団体受け皿型、どちらの方向の部活動地域移行なのかをしっかり確かめないと。①のように、学校が主催する部活動で事故が起きた場合には、独立行政法人日本スポーツ振興センターによる災害共済制度の対象になるから、傷害保険にあえて入る必要はないよ。他方で、②外部団体受け皿型の場合は対象外だから、傷害保険に加入しておいたほうがいいね。

コウサク君の主催するチームは、中学校の先生が練習に来てくれることがあるといっても、学校が運営しているわけではなく、あくまでも外部の民間団体が運営しているわけだから、傷害保険に加入しておいたほうがいいってことだね。

傷害保険とは、どういう保険なの？

傷害保険は、生徒が不幸にも死亡してしまったり、後遺障害や怪我を負ったときに備えた保険だよ。被保険者

は生徒本人になるね。どのような保険金が支払われるかは、各保険会社の商品次第だけど、例えば死亡や後遺障害の場合は最高で3,000万円、入院1日につき5,000円、通院1日につき2,000円などの定額で保険金が支払われることがあるよ。ほかにも、実際に通院や入院で発生した治療費の実費が支給されるような内容の保険もあるね。

　サッカーでは生徒の怪我はよく発生することだから、加入しておく必要があるね。そう考えると、僕たちコーチも指導の中で怪我をするかもしれないな。最近、足がよくもつれちゃうんだよね。

　コーチを被保険者とする傷害保険に入っておくといいかもね。あとは、賠償責任保険にも加入しておいたほうがいいよ。

賠償責任保険は、どんな保険なのかな。

　さっきも説明したとおり、指導者側に注意義務違反があれば、被害を受けた生徒やその保護者に対して損害賠償責任を負う可能性があるよね。その賠償金などを代わりに支払ってくれるのが賠償責任保険という保険だよ。
　不幸にも死亡事故や後遺障害を伴う事故が発生した場合には、賠償しなければいけない損害はとても大きくなる可能性があるの。なぜなら、治療費や慰謝料のほか、逸失利益といって、事故がなければ将来にわたって本来得られていたと想定される収入の減少分もあるからね。重大な事故が生じた場合には、何千万円という逸失利益が損害として認められることがよくあるよ。

そんなに多額のお金は払えないよ 😟　ボランティアで部活動の指導をしていたのに破産しないといけなくなる事態なんて、勘弁してほしいな。

　　　そういう万が一の最悪の事態に備えるのが賠償責任保険だといえるね。だからこそ保険金の限度額は、なるべく高くしておいたほうがいいと思う。最低でも1事故について1億円以上の保険金が支給されるような保険に加入しておくべきだと思うな。

> **Check Point**
>
> ☑ 外部の受け皿団体が主体となって運営する部活動では、災害共済給付制度の適用がないことから、生徒を被保険者とする傷害保険に加入しておく必要があります。
> ☑ また、指導者側の損害賠償義務というリスクを考えて、賠償責任保険にも加入しておいたほうがいいです。

Q & A

Q 23. 責任を免除する誓約書の有効性

　参加する生徒の保護者から「部活動の参加中に事故やトラブルが起きた場合であっても、一切の責任を追及しません」という誓約書を取り付けておくことで、損害賠償責任の追及を受けることを避けることができますか。

Answer

　部活動には、一定の事故やトラブルが付き物です。外部の受け皿団体となる指導者側としても、営利目的で部活動の指導をしているわけではないため、法的責任を負わないようにしたいという要望は、理解できるところです。

　公立学校の教員であれば、国家賠償法の考え方により、個々の教員が損害賠償責任を負うことはなく、学校の設置者である地方公共団体が代わりに損害賠償責任を負うこととなっています。しかし、地域の外部団体が受け皿となる部活動の指導に関与する指導者については、このような考え方の適用はありません。そのため、個々の指導者に注意義務違反があった場合には、個々の指導者が賠償責任を負うことが原則です（民法709条）。さらに、指導者が所属する団体についても使用者責任として損害賠償責任（民法715条）や、部活動の参加に係る契約における安全配慮義務の違反があったとして債務不履行に基づく損害賠償責任（民法415条）を負う可能性があるところです。

　そこで、受け皿団体側としては、保護者から「部活動の参加

中に事故やトラブルが起きた場合であっても、一切の責任を追及しません」などという念書を差し入れてもらったり、「部活動の参加に際して生徒に人的・物的損害が発生したとしても、損害賠償請求を含めた法的責任を追及しない」などの記載のある入会契約書を締結したいと思う事情があることもよくわかるところです。しかし、このような合意については、消費者契約法に反しており、無効になるものと考えられます。

　消費者契約法では、事業者を「法人その他の団体及び事業として又は事業のために契約の当事者となる場合における個人をいう。」と定義しています（同法2条2項）。したがって、法人だけでなく、法人格のない団体（権利能力なき社団）であっても、"事業者"に該当します。このような事業者が個人と契約を締結する場合には、消費者契約法の適用があります。また、仮に個人で部活動の運営をするという場合であっても、消費者契約法の"事業"とは、一定の目的をもってなされる同種の行為の反復継続的遂行と考えられており、営利目的かどうか、公益目的があったかどうかは問わないものとされているため、"事業者"に該当すると考えられます。

　保護者としては、部活動の受け皿団体に子の指導を委託しているものであり、仮に書面のやり取りがなかったとしても、子を団体でスポーツ等の指導を受けさせる旨の一定の契約関係があるものと考えられます。すなわち、保護者と受け皿団体との間で、"消費者契約"があることになります。消費者契約法では、消費者契約の条項として、「事業者の債務不履行により消費者に生じた損害を賠償する責任の全部を免除」する条項や、「消費者契約における事業者の債務の履行に際してされた当該事業者の不法行為により消費者に生じた損害を賠償する責任の全部を免除」する条項を無効であるとしています（同法8条1項1

号、3号）。

　また、仮に消費者契約法が適用されなかったとしても、民法の公序良俗（同法90条）という考え方に違反するとして、無効になるものと考えられます。これについては、スキューバダイビングスクールの死亡事故に関する裁判例があります。消費者契約法が成立する前のケースですが、ここでは、スクール側が「いかなる結果に関しても責任を負わない」などと記載した同意書を取得していました。しかし、裁判所は、「人間の生命・身体のような極めて重大な法益に関し、免責同意者が被免責者に対する一切の責任追求を予め放棄するという内容の前記免責条項は、被告らに一方的に有利なもので、原告と被告会社との契約の性質をもってこれを正当視できるものではなく、社会通念上もその合理性を到底認め難いものであるから、人間の生命・身体に対する危害の発生について、免責同意者が被免責者の故意、過失に関わりなく一切の請求権を予め放棄するという内容の免責条項は、少なくともその限度で公序良俗に反し、無効であるといわざるを得ない」と判示しました（東京地判平成13年6月20日判タ1074号219頁）。

　このようなことを踏まえると、あらかじめ責任を免除する旨の同意書を取得してリスクを回避するのではなく、Q24・Q25で示すとおり、必要な保険に加入して、万が一の事故等に備えるほうが肝要であるといえます。

Q24. 外部の受け皿団体のための保険

外部の受け皿団体の活動として部活動を担う場合には、どのような保険に入っておく必要がありますか。

Answer

1 傷害保険

　学校の活動としての部活動において、参加する生徒が怪我等をした場合には、一般的には、独立行政法人日本スポーツ振興センターによる災害共済給付制度の適用があります。しかし、外部の受け皿団体、例えば、総合型地域スポーツクラブやスポーツ少年団、体育・スポーツ協会、競技団体、クラブチーム、プロスポーツチーム、民間事業者、フィットネスジムのほか、地域学校協同本部や保護者会、同窓会等が部活動を実施する場合には、災害共済給付制度の適用がありません。このため、傷害保険に加入しておく必要があります。

　傷害保険とは、不慮の事故に備え、人の傷害に対して保険金を支給するものです。怪我による入院・通院等のために実際に出費した費用を補償する保険商品もあれば、怪我によって入院・通院等をした場合に契約時に定めた一定額を支払う保険商品もあります。

　保険については、個々の保険会社ごとに様々な商品があります。例えば、団体の特色に応じて、PTAを念頭に置いた保険や、スポーツ活動や文化活動などの社会教育活動を行う法人を念頭に置いた保険、総合型地域スポーツクラブを念頭に置いた保険などがあります。また、団体を通じて加入することで、低廉な保険料という大口契約のメリットを生かす商品もあります。例

えば、公益財団法人スポーツ安全協会が契約者となり、同協会を通じて加入するスポーツ安全保険という商品があり、傷害保険と後述する賠償責任保険がセットになっています。いずれにしても、保険については支給の条件や保険金額などをパンフレットや約款でよく確認する必要があります。

　なお、部活動参加の条件として、個々の保護者に傷害保険への加入を義務付けておくという方策もあるかもしれませんが、手続きをしなかったという家庭が生じるおそれもあります。したがって、受け皿団体自体が契約者として傷害保険に加入し、個々の生徒を被保険者としておくことが適切だと思います。

　また、仮に部活動における生徒の怪我に対して傷害保険金が支給されたとしても、指導者側の注意義務違反による損害賠償責任が免除されるわけではありません。指導者が賠償しなければいけない損害の金額から、支給された傷害保険金が控除されるわけでもありませんので、注意してください。例えば、生徒に1,000万円の損害が生じ、傷害保険から定額の保険金として300万円が支払われた場合であっても、この300万円については保険料の対価として支払われたものであり、被保険者である生徒が被った損害をてん補する性質を有するものではないため、賠償するべき対象の損害から控除されることはなく（損益相殺はされず）、注意義務違反が認められる指導者は、1,000万円全額の賠償をしなければならないことに変わりはありません（最判平成7年1月30日民集49巻1号211頁参照）。他方で、仮に、傷害保険が不定額の保険金（治療費の実費等）を支払うものであれば、代位といって、本来、被害生徒側が賠償義務者である指導者側に対して有している損害賠償請求権が保険会社に移転することがあります（保険法25条）。この請求権の移転の結果、この治療費等に相当する費用を、被害生徒ではなく、後々に保

険会社に対して支払うことが求められる可能性があるため、結局のところ、注意義務違反が認められる指導者が1,000万円全額の賠償をしなければならないことに変わりはありません。

　このように、傷害保険は、指導者側の賠償責任のリスクを回避するためというわけではなく、あくまでも怪我等を負った生徒本人の費用負担を速やかに軽減するためのものです。指導者としての賠償責任のリスクを回避するためには、次に紹介する賠償責任保険に加入する必要があるといえます。

② 賠償責任保険（指導者向け）

　賠償責任保険とは、被保険者が第三者に対して損害を与え、法律上の損害賠償責任を負担することによって被る損害を対象として保険金が支給される保険です。傷害保険の特約として賠償責任保険が付帯されることもあるかと思いますが、単独で加入することも可能です。

　部活動の指導に携わる場合には、生徒を含めた第三者に対して、損害賠償責任を負うことも想定されるため、このような保険に加入しておく必要があるといえます。

　保険契約では免責条項といって、事故が発生した場合であっても、保険金が支給されない条件があります。どの保険会社との契約であっても、賠償責任保険では、「保険契約者又は被保険者の故意によって生じた損害賠償責任」については、保険金が支給されないこととなっています（保険法17条2項）。わざと事故を誘発するなどして他人に損害賠償責任を負った場合にも保険金が支給されるとなれば、モラルに違反するような行為を誘発するおそれがあるからです。

　また、「被保険者と第三者との間に損害賠償に関する特別の約定がある場合において、その約定によって加重された損害賠

償責任」についても、約款において保険金が支給されないという取扱いがされていることが一般的です。例えば、指導者側に法律上の損害賠償責任が生じるかの判断が微妙なケースがあったとします。ここで、指導者が勝手に、被害を受けた生徒側に賠償すると約束してしまったとしても、保険金が支給されるわけではありません。また、裁判実務からかけ離れた高額な慰謝料金額を支払うなどの合意を行ってしまったとしても、その合意した金額どおり保険金が支給されるわけではないため、注意が必要です。

　賠償責任保険を利用しようとする場合には、被害者へ賠償した後に保険会社へ保険金の請求をするのではなく、事前に保険会社へ事故報告や相談をしてから被害者への賠償を進めることが肝要だといえます。

　なお、試合に生徒たちを引率するために、自動車を利用することがあると思います。自動車の使用等に起因する事故に伴う損害賠償責任については、自賠責保険や自動車保険の対人・対物賠償保険により対処する必要があり、日常生活やスポーツ事故を対象とした賠償責任保険の適用がされることはありません。言うまでもないことですが、必要な自動車保険に加入することも忘れないようにする必要があります。

> ## Q 25. 生徒自身を被保険者とする賠償責任保険
>
> 　外部の受け皿団体の活動として部活動を担う場合には、指導者として賠償責任保険に加入することが重要との話はよくわかりました。そこで、生徒自身を被保険者とする賠償責任保険にも加入しておいたほうがよいでしょうか。

Answer

　生徒自身も被保険者として賠償責任保険に入っていたほうがよいかどうかについては、いろいろな考え方があると思います。Q12のとおり、スポーツでは、それぞれの競技ルールに従って通常のプレーをした結果、相手に怪我を負わせてしまったとしても法的な責任を負わないことが原則です。したがって、通常のプレーを想定した場合には、そもそも法的な責任を負わないわけですから、たとえ相手に怪我などの損害が生じたとしても、加害側の生徒が賠償するという話にはなりません。ですから、この観点では賠償責任保険への加入は不要ということになると思います。

　また、例えばサッカーの試合中に、ボールを持っている選手の後方からスライディングをするような行為をわざと行って、相手に怪我をさせた場合はどうでしょうか。生徒自身に相手選手に対する損害賠償責任が発生する可能性がありますが、このような場合には、生徒に故意があったとして、賠償責任保険の免責条項に該当することになり、保険金が支給されない可能性が高いものと思います。保険法では、故意によって生じた損害をてん補する責任を保険会社は負わないものとされており（保

険法17条2項)、各保険会社が提供する賠償責任保険の約款においても、故意による損害については免責とする規定があります。したがって、この観点からも、賠償責任保険への加入の意義は乏しいように思います。なお、このように生徒が危険なプレーをして相手に故意で怪我をさせた場合には、保護者自身に注意義務違反があったとして損害賠償責任(民法709条、715条)が発生することがあります(Q7)。このようなリスクへの対処のために、保護者が何らかの賠償責任保険に加入していることは有益とも考えられます。火災保険や自転車保険などに付帯されている個人賠償責任保険や、自動車保険に個人賠償責任特約が付帯されていれば、これらの適用対象になる場合もあるかと思いますので、保険会社に確認しておくとよいでしょう。

　他方で、故意とはいえないような過失により他人に怪我を負わせてしまったことを念頭に置いて、賠償責任保険に加入しておく意義があるかもしれません。例えば、野球部において投球練習をしている際に、手元に狂いが生じて、予想もしない方向へ投球がされ、他の生徒の頭部に球が当たるなどして負傷が生じたような場合です。また、スポーツ関係の部活動ではなく、金管バンドや吹奏楽部を念頭に置くと、賠償責任保険に加入しておく意義はあろうかと思います。というのも、楽器はどれも繊細であり、わずかな衝撃でも本来出るべき音色が出ないことが往々にしてあります。しかし、楽器の修理代はとても高額であり、外部から破損がわからないような故障であっても、数万円から場合によっては数十万円の修理代が発生することがあります。練習中に借りていた楽器を不注意で落としてしまったり、他の生徒にぶつかってその生徒が持っていた楽器が破損してしまったりした場合には、落ち度のある生徒に注意義務違反(過失)があり、楽器の所有者に対して不法行為に基づく損害賠償

責任を負う可能性があります。このため、このような負担を回避する目的で賠償責任保険に加入しておく、という判断はあろうかと思います。その際、わざわざ生徒自身が契約者となって賠償責任保険に加入しなくても、両親が契約者となっている火災保険や自転車保険などに付帯されている個人賠償責任保険や、自動車保険に付帯されている個人賠償責任特約において、同居の子が被保険者として扱われる結果として、これらの保険の適用対象になることもあり得ますので、約款を確認しておきましょう。

　ちなみに、生徒自身が所有する楽器の故障や破損への補償を念頭に置くのであれば、賠償責任保険ではなく、楽器向けの動産保険への加入を検討することとなります。

Q26. PTAが加入する保険の適用

　PTAが中学校の野球部とサッカー部の受け皿団体となり、保護者を中心に、土日の部活動を運営していくことになりました。この場合には、すでに加入しているPTA保険を活用することもできるのでしょうか。

Answer

　全国のPTAでは、PTA向けの傷害保険や賠償責任保険に加入していることが多いと思います。PTAが外部の受け皿団体として部活動を運営していく場合には、すでに加入しているこれらの保険を活用することができるのでしょうか。

　PTA向けの保険は、各保険会社によって様々な内容だと思いますが、例えばPTA向けの傷害保険の約款では、「PTAの管理下においてPTA行事に参加している間に被った傷害」に対して保険金を支払う、などと規定されているものが多いと思います。定例的に開催されているPTA主催のサッカー大会やドッジボール大会などは、ここでいう「PTA行事」に該当することは間違いないところです。しかし、部活動の受け皿団体として日々のサッカー練習を行うことについては、「PTA行事」には該当しないと保険会社が判断する可能性もあるように思います。何か事故が発生した後に、保険金が支給されないという事態は望ましくないため、あらかじめ保険会社に約款の解釈を確認しておく必要があると思います。

　また、PTA向けの賠償責任保険の約款では、「PTAが企画、立案し主催する学習活動及び実践活動でPTA総会、運営委員会などPTA会則に基づく正規の手続きを経て決定された諸活動」をPTA活動として定義するなどして、PTA活動の遂行に

起因して生じた偶然な事故による損害賠償責任を負担すること
によって被る損害に対して、保険金を支払うものとすることが
通例かと思います。このため、仮にPTA活動の一環として部
活動を運営していく場合には、PTAの規約や会則においても、
部活動を運営するということを活動内容として明記しておくほ
か、年度ごとの活動方針についても、PTA総会や運営委員会（実
行委員会）などで正式に決定手続を行っておく必要があります。
あくまでもPTAの一活動として部活動を運営している、とい
う実質を伴わなければ、保険金が支給されない可能性があり、
注意が必要だと思います。

　いずれにしても、PTAが学校の部活動の受け皿になるとい
うのは新たな動きといえます。その実情を保険会社に伝えたう
えで、適用対象になるのかどうかについては、あらかじめ確認
しておくことが重要です。

第5章
部活動の中で生じた
いじめ・トラブル

> **STORY**
>
> 　慌てた様子のコウサクが、レイコに電話をしています。保護者から、「サッカークラブ内で子どもがいじめを受けた」という連絡があったからです。コウサクは、どのような行為がいじめに当たるのかもよくわからず、対応に悩んでいるようです。いじめの定義、望まれる対応とは、どのようなものでしょうか。

★　どういう行為が"いじめ"になるの？

　うちのクラブで、保護者からいじめに関する要請があったんだ。2年生のトオヤマ君のお母さんが言うには、先週の日曜日の試合後に、ハスミ先輩がトオヤマ君に強く指導したことが"いじめ"じゃないかって。トオヤマ君は精神的に参ってしまって、月曜日から学校に行けなくなってしまっているみたいなんだ。

　その試合の中で、何かきっかけになるようなことがあったのかな。

　西町中学校との試合だったんだけど、うちのチームは負けてしまってね。トオヤマ君がパスのミスを連発してしまったことも大きかったと思う。試合の直後、部長であるハスミ君が「君が足を引っ張っている。もっと頑張って練習をしてほしい」とトオヤマ君を強く叱責してしまったんだ。僕はそれを見て、「1人を責めずに、次の試合に向けてみんなで頑張ろう」とフォローしておいたんだけど…。お母さんの話では、トオヤマ君はグラウンドから家までの帰り道で、同じクラスのスギト君からも強い調子で非難されたらしい。

なるほど。トオヤマ君が学校に来られなくなってしまっているのは心配だね。

でもさ、同級生がみんなで無視しているわけではないし、これはいじめなのかな？　こんなことでへこたれていたら、ちょっと困るよ。

僕が中学生の時なんて、試合でミスをしたら、先輩に思いっきりお尻を蹴られたもんだ。今の時代に暴力が良いとはまったく思わないけど、子ども同士のことだから多少のトラブルは仕方がないよね。そこは、保護者にもわかってもらわないと。子どもは小さな喧嘩やトラブルを繰り返して、お互いに衝突しながら社会性を身に付けていくんだと思うよ。それが、子どもが成長していくってことじゃないのかな。

言っていることは、とてもよくわかる。でも、私たちが小さい頃に比べると、いじめの定義はとても広くなっているの。平成25年に施行された「いじめ防止対策推進法」という法律があって、次のように定義されているよ。

▶いじめ防止対策推進法　第2条1項

　この法律において「いじめ」とは、児童等に対して、当該児童等が在籍する学校に在籍している等当該児童等と一定の人的関係にある他の児童等が行う心理的又は物理的な影響を与える行為（インターネットを通じて行われるものを含む。）であって、当該行為の対象となった児童等が心身の苦痛を感じているものをいう。

そんな法律ができていたんだ、知らなかったよ。自分より弱いものに対して、悪口を言ったり、暴力を振るっ

たりする行動がいじめだと思っていたけれど、違うんだね。

　法律で「当該行為の対象となった児童等が心身の苦痛を感じているものをいう」と定義されているように、その当人が精神的な苦痛を感じていれば、いじめに該当すると考えられているよ。いじめがあったかどうかという最初の判断では、加害者とされる生徒がどのような行為をしたのかを中心に考えるのではなく、苦痛を感じている生徒の主観を中心に考えることになったんだ。ついつい「普通の子だったら、この程度のことは平気だ」などと考えがちだけど、そうではないってことだね。

　いじめが原因で長く不登校になってしまったり、最悪のケースでは自殺してしまったり、重大な事態も起こり得るでしょ。だから、いじめに該当するかどうかに頭を悩ませるのではなく、苦痛を感じている子がいるのであれば、いじめがあるとひとまず受け止めたうえで、周りの大人たちがその子の苦痛を早急に取り除いて手助けするというアプローチのほうが適切だよね。

　「感じ方次第でいじめになる」というわけか。しかし、少し乱暴な感じがするな。ちょっとしたことでいじめっ子にされてしまい、そのいじめっ子が裁判で訴えられて負けるようなこともあるのかな？　いじめられた子を助けないといけないのは賛成だけど、逆に理不尽なことになっていないかは気になるなぁ。

　良い視点だね。いじめ防止対策推進法では、いじめの定義を広くとって、学校に確認や調査の義務などを課している。でも、そのいじめが違法なものであるとして不法行為に基づく損害賠償責任が発生するかどうかは、ま

た別問題なんだ。

★ いじめの加害者は常に法的責任を負う？

　不法行為か、前にもこの言葉を聞いたな。たしか、契約関係がない場合であっても、必要な注意を怠ったりした場合には、お金で賠償する責任を負うという話だったね。

　そのとおり。主観的ないじめが行われたにすぎない場合には、加害者は、直ちに損害賠償責任などの法的責任を負うわけではないの。法的責任を負うとされるためには、被害を受けた生徒の主観的な判断だけでは足りず、誰から見ても、これは社会的に許容されないいじめである、と評価されることが必要だと考えられているよ。

　なるほど、２段階で頭の整理をしておく必要があるということだね。でもさ、そもそも、このいじめ防止対策推進法というのは、学校に義務を負わす法律でしょう。僕みたいな民間人には、関係がないんじゃないの？

　なんだか今日は鋭いことを言うね。確かにこの法律は、行政や学校側に様々な義務を課している。でも、この法律では、児童や生徒自身も、いじめを行ってはならないという義務（同法４条）を負っているんだ。それに、学校はいじめを防止するために、地域住民その他の関係者との連携を図ることも求められているの（同法15条２項）。だから、学校と一定の関係があるコウサク君は、ちゃんと理解しておいたほうがいいと思うよ。

不登校が今後も続けば、学校としても確認や調査をして、必要な対応をしないといけなくなる可能性があるってことだね。

　そう。だから学校とクラブが連携して解決しないといけない問題だといえるわけ。それに、何よりもその生徒が抱える問題が解消され、また楽しく学校へ行ったり、部活動に参加できたりすることが重要でしょ。大人たちがみんなでサポートしてあげる必要があるよね。

　とりあえず、サッカー部の顧問の先生には、試合での様子とか、トオヤマ君のお母さんから言われたことを早急に電話で報告してみるよ。うちのクラブは土日の練習や試合の引率を担っていて、平日の夕方の部活動については地域移行はせずに依然として学校の顧問の教員が指導をしてくれているから、情報共有しておいたほうがいいね。

　今後しばらく、部活動地域移行を進めている学校については、平日の夕方は学校が運営する部活動、土日は外部の受け皿団体が運営する部活動と、運営の主体が分かれるだろうから、いじめ問題への要請を含めた両者の情報共有は、密に行うことが求められそうだね。

　そうだね。先生や学校との連絡手段も確認しておくよ。

　それと個人的には、どうしてハスミ君がトオヤマ君にそれほど強く叱責したのか、という背景についても気になるな。「試合に勝つような強いチームを目指す」という方針なのか、「毎日楽しくサッカーをする」という方針なのか、参加する子どもたちの中でも考え方がバラバ

ラになっているんじゃないかな。コーチである君が、子どもたちと十分に方針を共有できていなかったことにも原因があると思うけど。

うっ、君は相変わらず厳しい指摘をするね。そう言われてみると、僕たちコーチ陣にも問題があったのかもしれない。確かに全体の方針が曖昧だった部分があると思う。トオヤマ君とハスミ君だけでなく、部員みんなから話を聞いたうえで、もう一度チーム全体の方針を徹底することにしよう。

Check Point

☑ 現在の日本の法律では、いじめの定義がとても広く捉えられていて、その当人が精神的な苦痛を感じていれば、いじめに該当する可能性があります。

☑ 外部の受け皿団体の指導者であっても、現在の学校がいじめに対してどのように向き合っているのか、知っておく必要があるといえます。

Q & A

Q 27. いじめの定義

　生徒同士のトラブルにおいて、どのような行為がいじめに該当しますか。

Answer

　過去、いじめの定義は変遷してきたといえます。文部科学省が実施する「児童生徒の問題行動等生活指導上の諸問題に関する調査」では、いじめを「自分より弱い者に対して一方的に、身体的・心理的な攻撃を継続的に加え、相手が深刻な苦痛を感じているもの」と定義してきた時代もありました（平成6年度から平成17年度）。平成18年度以降は少し定義が広がり、「当該児童生徒が、一定の人間関係のある者から、心理的、物理的な攻撃を受けたことにより、精神的な苦痛を感じているもの」とされました。ただ、「攻撃」という、引き続き加害者側の行動にも着目した定義が採用されてきました。

　しかし、平成23年に起きた中学生がいじめを原因に自殺した事件において、学校側がいじめの存在を否定するなどした対応への批判がきっかけとなり、平成25年に新たに「いじめ防止対策推進法」が成立し、同年9月から施行されています。この法律では、いじめを「児童等に対して、当該児童等が在籍する学校に在籍している等当該児童等と一定の人的関係にある他の児童等が行う心理的又は物理的な影響を与える行為（インターネットを通じて行われるものを含む。）であって、当該行為の

対象となった児童等が心身の苦痛を感じているものをいう」(同法2条1項)と定義し、被害を受けたとされる児童や生徒の受け止め方(主観)を重視する定義が採用されています。すなわち、通常であれば、この程度の行為については、いじめには該当しないというような考え方はとらずに、どのような攻撃があったかではなく、当人が心身の苦痛を感じているかどうかを基準に判断されることとなっています。また、従前の定義のような継続的に行われていたかどうかという点も、考慮されないこととなっています。睨んだり、無視をしたりする行為も、本人が苦痛を感じていればいじめに該当することとなります。

　いじめについては、不登校の原因となったり、最悪の場合には自殺に至ってしまうようなケースが起こり得ます。このように広い定義を採用することにより、いじめの早期発見や迅速な対処が実現できるといえます。現在の学校現場においては、このような広い定義を前提にいじめへの対応がなされているため、部活動に関わる指導者も、この定義について理解しておく必要があるといえます。

Q 28. いじめ防止対策推進法

いじめ防止対策推進法は、どのような内容の法律ですか。学校以外の団体にも適用されるのですか。

Answer

いじめ防止対策推進法は、Q27のとおり、いじめを広く捉えたうえで、「児童等は、いじめを行ってはならない」（同法4条）と、いじめを禁止しています。

また、学校に対しては、「いじめ防止基本方針」を策定する義務（同法13条）、いじめの防止等のための対策に関する研修の実施等を行う義務（同法18条2項）、いじめ防止等の対策のための組織の設置義務（同法22条）を課しています。多くの学校では、学校ごとに定めた「いじめ防止基本方針」をウェブサイトで公表している状況にあります。

さらに、いじめを認知した場合には、被害者の主観的な問題であったとしても、学校がいじめの事実の有無の確認を行うための措置を講じ、その結果を学校設置者に報告する義務（同法23条2項）、事実の確認によりいじめがあったことが確認された場合には、いじめをやめさせ、及びその再発を防止するため、専門的な知識を有する者の協力を得つつ、いじめを受けた児童等又はその保護者に対する支援、及びいじめを行った児童等に対する指導又はその保護者に対する助言を行う義務（同法23条3項）、被害者を別室で学習を受けさせるなど安心して教育を受けられるようにするために必要な措置を講ずる義務（同法23条4項）、いじめの事案に係る情報をこれらの保護者と共有する義務（同法23条5項）などを規定しています。

加えて、重大事態といって、いじめが原因で、生命、心身又

は財産に重大な被害が生じた疑いがあると認める場合（例えば、生徒等が自殺を企図してしまったり、暴力を受けて骨折してしまったり、PTSDと診断されてしまった場合）や、相当の期間学校を欠席することを余儀なくされている疑いがあると認める場合（年間30日以上の欠席が目安）には、学校は、組織を設け、質問票の使用その他の適切な方法により当該重大事態に係る事実関係を明確にするための調査をする義務等が課されています（同法28条1項）。

　このように、同法に基づく義務が課されているのは、主に学校や教員ということになり、外部の受け皿団体や、そこに属する指導者が直接義務を負うというわけではありません。しかし、部活動で起きたいじめについては、その原因や背景となった事件が学校生活の中で生じた可能性がありますし、逆に部活動の中で起きた事件がきっかけとなり、学校生活の中でいじめが発生することもあります。生徒にとって、学校生活と部活動は、友人関係を含め延長線上にあるといえます。したがって、部活動の運営を担うことになった外部の受け皿団体に関与する指導者であっても、いじめが認識されたときに学校側がどのような義務を負っているのかなど、この法律の内容をある程度知っておいたほうがよいものといえます。

Q 29.　加害者側の法的責任

　いじめ防止対策推進法では、いじめの定義がとても広いということですが、いじめに関与した加害者側の生徒は、どのような場合であっても、被害生徒に法的な責任を負うのでしょうか。

Answer

　いじめ防止対策推進法では、前述のとおり、いじめの定義を広くしており、「通常であれば、この程度の行為については、いじめには該当しない」というような考え方はとらず、どのような攻撃があったかではなく、当人が心身の苦痛を感じているかどうかを基準に判断することとしています。

　もっとも、いじめ防止対策推進法は、いじめが対象となる生徒等に重大な影響を与える可能性があることを考慮し、いじめを防止し、また、いじめを早期に発見し、学校や地方公共団体において早期の対処を促すことにより、対象となった生徒等の生命や身体への危険を回避し、さらに、教育を受ける権利が侵害されるような事態を防止するための法律であって、加害生徒自身が法的な責任を負うかどうかについては、別途の検討が必要な問題であると考えられます。

　実際の裁判例として、いじめを受けた生徒側が、小学生の同級生であった者らから継続的にいじめを受けたなどとして、同級生の親権者や学校の設置者である市を相手に損害賠償請求訴訟を起こしたものがあります。このケースでは、いじめを受けた生徒側は、いじめ防止対策推進法に規定する「いじめ」に該当すれば、直ちに不法行為に基づく損害賠償責任が発生するという趣旨の主張をしました。しかし、裁判所は、「（推進法）に

おける「いじめ」の定義は、このような教育上・行政上の配慮の必要性を踏まえ、行為者の主観や行為の客観的態様等を考慮せずに定められているものであるから、同法に定める「いじめ」に該当することは、当該いじめを行った児童とその対象児童との間の民事上の関係において、直ちに不法行為法上違法の評価を受けることまでをも意味するものではないと解すべきである。(…)原告が本件剣道教室に通っていた頃、Eとの対戦の際、同人の竹刀が原告の足や首等、防具の無い部分に当たったことがあることは認められるものの、(…) それが原告の防具の無い箇所を意図的に狙って攻撃したものと認めることはできず(…) 武道競技における身体的接触として社会通念上許容される限度を超えた違法な攻撃として不法行為を構成するものとは認められない。」として、いじめとされる行為のうち、一部の行為については損害賠償責任が発生するようないじめとは認めませんでした(金沢地判平成30年2月26日判例集未搭載。なお、東京地判令和3年12月27日判例集未搭載や東京高判平成29年5月11日判例集未搭載も同様の考え方です)。

　学校にいじめの有無を確認させる段階では、いじめ防止対策推進法に従って、被害を受けた生徒の気持ちに寄り添い、その子の主観に従って、迅速に対応することが求められます。ただし、事後的に見て、加害者側の生徒が法的な責任を負うかどうかという問題については、その行為の内容や性質、行為が行われた文脈や前後の状況、行為の場所や継続性といった事情を総合的に踏まえ、社会的に許容される限度を超えたものかどうかが判断されるということとなります。

　子どもは成長の過程で、周囲との間で小さなトラブルやいざこざを起こすものです。ですから、子ども同士で一般的に見られる程度の衝突については損害賠償責任との関係でいえば違法

とはいえないとする考え方は、現実的であるといえます。もっとも、損害賠償責任の有無は別として、心身の苦痛を感じている生徒が存在する以上、その生徒が安心して通学できるように、その生徒の声に耳を傾け、必要な指導や人間関係の調整が行われるべきであることは、言うまでもありません。

Q 30. 責任の所在

部活動の部員の間でいじめが起きた場合には、誰がどのような責任を負いますか。外部の受け皿団体における指導者も責任を負うようなことがあるのでしょうか。

Answer

1 加害者の責任

前述のとおり、加害者側の行為が社会的に許容される限度を超えたものであれば、いじめの加害者やその保護者は、被害を受けた生徒に対して法的責任を負う可能性があります。例えば、加害者が被害生徒を殴ったりした場合には、傷害罪や暴行罪といった刑事責任が発生することがありますし、治療費等の損害の賠償責任を負う可能性があります。また、被害生徒がいじめを原因として長期間の不登校になってしまったような場合にも、慰謝料といった損害の賠償責任を負う可能性があります。

2 学校が主体となって運営する部活動の場合

また、従来、学校におけるいじめにおいて、学校側が必要な対応を行わなかった場合には、損害賠償責任を負うと考えられてきました。公立学校の場合には、国家賠償法により学校設置

者である地方自治体が責任を負いますし、私立学校の場合には、教員個人が不法行為責任を負うほか、学校の設置者である学校法人が使用者としての損害賠償責任（民法715条 1 項）を負う場合や、保護者との入学契約に基づく債務不履行責任（民法415条）を負う場合があります。

　公立中学の生徒が、同学年の生徒から集団的な暴行、侮蔑等の嫌がらせによるいじめ行為を受けて統合失調症を発症したとして、加害生徒及び親だけでなく、地方公共団体に対して損害賠償を求めた裁判例があります。裁判所は、「教師は、学校内において、生徒の心身に対しいじめ等の違法な侵害が加えられないよう適切な配慮をする注意義務、すなわち、<u>日頃から生徒の動静を観察し、暴力行為やいじめ等がないかを注意深く見極め、その存在がうかがわれる場合には、関係生徒や保護者らから事情聴取するなどしてその実態を調査し、表面的な判定で一過性のものと決めつけずに、実態に応じた適切な防止措置を講じる義務を負う</u>」と判示しています（広島地判平成19年 5 月24日判時1984号49頁）。

　すなわち、学校の教員は、いじめが疑われるようなトラブルについての情報収集を日頃から行い、事実関係を的確に把握し、その結果、いじめがあった場合には、直ちにやめさせるような指導やクラス全体にいじめ問題についての理解を深める指導を行うことが求められています。そのうえで、本当にいじめが収束したか注意深く見守りを継続するほか、他の教員や管理職とも情報共有を行い、共通理解を図って組織的な対応がとれるようにする注意義務を負っているものと考えられます。

③ 外部の受け皿団体が主体となって運営する部活動の場合

　では、部活動の運営自体を学校ではなく、外部の受け皿団体に担ってもらう場合についてはどうでしょうか。指導者やコーチは、学校においていじめが起きた場合と同様の考え方の下で、部活動におけるいじめを調査したり、適切な防止措置を講じる法的な義務を負うのでしょうか。もちろん、外部の受け皿団体の指導者においても、保護者から生徒を預かってスポーツ等に従事させているわけであり、その過程で生徒の心身の安全に配慮すべき義務を負っているものと認められます。そのうえで、いじめとの関係では、具体的にどの程度の義務を負うことになるのでしょうか。

　まず、外部の受け皿団体において生徒と関わる指導者は、土日の練習や試合において部活動を担うことが主に想定されています。平日の夕方に関わることがあるとしても、生徒との関わりは、短時間であることが一般的であるといえます。すなわち、学校の教員とは異なり、生徒たちの日々の生活全般に関わるわけではありません。また、校長及び教員は、学校教育法に基づき、教育上の必要性があれば、生徒等に懲戒を加えることができるとされています（同法11条）。さらに公立学校に関しては、教育委員会は、他の生徒等の教育に妨げがある生徒を出席停止とすることも可能とされています（同法35条、49条、49条の８）。このように学校現場では、法令に基づく強制的な権限も背景として、問題がある生徒等に対して必要な指導を行うことができます。

　他方で、外部の受け皿団体における指導者は、このような権限を法令で与えられているわけではありません。さらに、前述

のいじめ防止対策推進法でも、いじめの防止や早期発見のための措置、いじめの有無を確認する義務があるのは学校とされており、同法に基づく義務が外部の受け皿団体に課されているわけではありません。加えて、指導者については、スポーツ等の指導については専門的な知見を持っていたとしても、生活指導に関する教育や研修を受けているわけではなく、教育学や発達心理、いじめに関する専門的な知見を持っているとも限りません。

　これを踏まえると、外部の受け皿団体の指導者に、学校の教員が負っていたものと同程度の義務を負わせるというのは酷であると考えざるを得ません。もちろん、具体的な加害行為を目撃した場合には、それをやめさせて生徒に危険が及ばないようにする義務や、いじめを具体的に認識した場合には、関係する生徒の保護者や学校側に連絡を行い、適切な指導や対処を促す義務は、当然に負っているものと認められます。しかし、それ以上に、常に生徒間の人間関係を観察していじめを認知する義務や、関係生徒や保護者らから独自に事情聴取するなどしていじめの実態を調査・解明し、必要な指導を行うまでの法的な義務までは負っていないと判断される可能性があるものと思われます。

　もっとも、例えば、外部の受け皿団体が平日を含めて部活動に関わり続けることとなり、受け皿団体の指導者がより生徒の生活に深く関わるような状況が生まれることもあると思います。また、学年を超えて加害生徒と被害生徒がいるという場合には、学校生活の中ではいじめは起きず、両者が接する部活動においてのみいじめが顕在化するということが起こり得ます。さらにいえば、いじめは被害生徒の人生に重大な悪影響を及ぼすものですから、教員であるかどうかという身分に関係なく、

できる限り周囲の大人たちが協力して解決に向けて尽力をすることが大事であることは言うまでもありません。このような観点からすると、外部の受け皿団体の指導者としても、いじめが窺える状況であれば、関係する生徒から話を聞いて全体像を把握し、常識に照らして加害生徒への指導を行うことができる状況であれば、いじめをやめるよう指導したうえで、速やかに保護者や学校側へ全体像を伝えて早期の対処を促す、といった積極的な対応が常識的には求められているともいえます。

　なお、学校における人間関係が、部活動でのいじめに繋がっている可能性があるため、学校との情報共有は必要です。そうではあるものの、そもそも部活動の地域移行については、教員の負担を軽減するための取組みの一環です。指導者らがいじめを認知したとして、学校側にすべての対処を丸投げするのは、この目的を外れることになりかねません。ある程度は部活動の指導者において全体像の聞き取りを行い、情報を整理したうえで学校側へ連絡し、協力して対応をする姿勢を持つことが重要ではないかと思われます。

Q31. 調査時の留意点

　部活動の中でいじめやトラブルが生じた場合において、全体像を把握するために調査しようとする場合には、どのような点に留意する必要がありますか。

Answer

　いじめやトラブルが発生した場合、これを調査しようするときには、何事も決めつけずに事実を認定していく必要があります。特に、子ども同士のいじめやトラブルが起きたときには、

客観的な証拠が多いとは限りません。関係者の供述に頼らざるを得ず、より難しい判断に迫られる場合があると思います。このとき、関係者の供述が矛盾していて、真相がよくわからないからといって、安易に喧嘩両成敗といった解決を行うことは、子どもの内省に繋がりません。双方に不満が残り、再発防止にもならないことも多いといえます。

　一般的に、関係者の供述に基づいて事実を認定するためには、供述の信用性を考慮したうえで事実を認定する必要があります。そのためには、次の4つの観点が重要です。

①　客観的な状況との矛盾がないか

　まず、客観的な状況との矛盾がないかを検討する必要があります。動かしがたい客観的な事実を中心に物事を考えていくということです。例えば、殴られて怪我を負ったという話があるのであれば、その怪我の状況や程度を確認すること、机に落書きをされたということであれば、その落書きを確認すること、SNSで悪口を言われたということであれば、受信者の承諾を得たうえで、その履歴を確認することが肝要です。そういった動かしがたい事実を時系列に整理したうえで、関係者の供述に矛盾があるかを確認します。矛盾があれば、その供述には信用性がないことが多いといえます。

②　複数の関係当事者の供述が一致しているか

　また、複数の関係当事者の供述が一致しているかという点も重要です。例えば、ある生徒が別の生徒を睨みつけているという話がある一方で、睨みつけたとされている生徒が自身の行為を否定するということはよくあります。このような場合には、当事者以外の複数の生徒から話を聞くことが有益な場面もある

でしょう。もちろん、生徒の中には口裏合わせをする者もいますので、供述が一致しても信用性が認められないこともあろうかと思います。供述している生徒の人間関係、例えば、学年も異なり人間関係が希薄と思われる複数の生徒が同じ供述をしているということであれば、信用性が認められることが多いと考えられます。

③　供述に具体性や迫真性があるか

さらに、供述に具体性や迫真性があるかという点も検討されます。あまり鵜呑みにしすぎることはできませんが、一般的に、作り話の場合には、臨場感がなく、細部が曖昧であり、体験した者しか語り得ないようなエピソードを欠いていることがあります。

④　供述が供述者にとって不利益な内容かどうか

最後に、その供述が供述者にとって不利益な内容かどうかも参考となります。一般的に、嘘というのは、保身や自身の立場を良く見せようとするために行われるわけですから、自身に不利益な話を進んで行うということは、真実を述べている可能性が高いといわれています。例えば、自らもいじめに加担していたことを認め、真摯に謝罪し、反省している旨を述べる生徒が、別の生徒もいじめに関与していたと供述した場合には、その供述は信用できることが多いといえます。

以上はあくまでも一般論であり、実際の事案において事実を認定していく作業は、困難を極めることもあるでしょう。複数の教員や指導者により事情聴取を行うことがより確実な方法だと思います。また、事情聴取の際には、その供述内容をしっか

りメモに記録しておくべきです。関係する生徒が供述した内容については、実際の真実と合致するかどうかは別問題として、後々に検証できるように、実際の供述を忠実に記録しておくべきであるといえます。

Q32. 加害者の退部

部活動でいじめの加害者とされた生徒を退部させたいのですが、そのようなことは可能でしょうか。

Answer

① 学校が主体となって運営する部活動の場合

学校が主体となって運営する部活動は、教育活動の一環として行われるものであり、校長や顧問となる教員は、どのような方針で運営するのかといった一定の裁量を有しているものと認められます。

校長は、懲戒権を定める学校教育法11条に基づき、教育上必要な措置として、同法施行規則26条や校則の内容も踏まえつつ、例えば、いじめの加害者とされた生徒について、指導をしても同様のいじめを繰り返し、他の生徒の安全を確保できないと判断したのであれば、教育課程外の自発的な活動である部活動への参加を禁止する処分を行うことが可能であると考えられます。

② 外部の受け皿団体が主体となって運営する部活動の場合

他方で、外部の受け皿団体で部活動を行う場合には、保護者

123

と当該団体との間で、生徒を部活動に入会・入部させて指導を受けさせる契約が成立していると考えられます。したがって、この契約を解除するという考え方で、退部をさせるということになると思われます。

　民法には、子を部活動に入会・入部させて指導を受けさせる契約のみを想定した条文があるわけではありません。ですから、どのような場合に契約解除を行うことができるのか、入部・入会の段階で、当事者において認識を明確にしておく必要があるといえます。このため、入部・入会にあたっては、退部すなわち契約解除となる条件を明確に記載した誓約書を保護者から提出してもらう、又は契約書を取り交わすといった対応が考えられます。生徒の保護者が構成員となって設立された小規模の受け皿団体では、会則や規約に、退会や参加禁止に関するルールを設けておくという方策もあり得るでしょう。

　具体的には、「他の部員、コーチ等の生命、身体又は財産に危害を加えたとき」や「施設、設備、備品等を故意で破壊したとき」、「部活動の円滑な実施を妨げる行為を行った場合において、注意をしても、同様の行為を繰り返すとき」などを解除事由や退会事由として規定しておくことが考えられます。特に、他の生徒の安全を脅かすような事態に繋がると予想される場合には、他の生徒の安全に配慮する義務を全うする観点からも、危害を加えるおそれのある生徒を部活動に参加させることは、控えるべきといえます。

　もっとも、成長の途上にある子どもは、一定のトラブルを引き起こすことが常です。そのやり直しや立ち直りを見守るという観点も大事なものといえます。特に部活動は、生徒の多様な側面に光を当てる教育的意義の高い場となっていた実情も否定できないものです。このため、安易に退部（契約解除）という

方針を選択するのではなく、その生徒や保護者とも十分に話し合いを行ったうえで、その生徒や他の部員にとっても最も望ましい形は何かを模索し、最終的な方針を決めるべきだと考えます。

Q33. 生徒同士の喧嘩に関する指導者の責任

野球部の練習に参加していた中学生の生徒同士が、ウォーミングアップ中に殴り合いの喧嘩をしてしまい、双方が怪我をしてしまいました。外部の受け皿団体として部活動の指導に従事していたコーチである私は、喧嘩が発生した時には校庭におらず、大会への出場申込書類を作成するため、校舎内で事務作業を行っていました。このような生徒同士の怪我についても、私が責任を負うことがあるのでしょうか。

Answer

学校の教員ではない部活動の指導者であっても、保護者から生徒を預かってスポーツ等の指導を行うことを引き受けているものです。ですから、教員と同様に、できる限り生徒の安全に関わる事故の危険性を具体的に予見し、その予見に基づいて当該事故の発生を未然に防止する措置をとり、生徒を保護すべき注意義務を負っているものと考えられます。

しかし、部活動の練習中に、指導者は、常時立ち会う義務があるわけではありません。日頃から部員に対して安全管理に関する指導をしており、特に危険性を伴う練習を行うわけではないということを前提とすれば、例えば中学校や高等学校におい

ては、生徒のみで部活動を実施させる場合があるとしても、そのことのみをもって注意義務に違反しているとはいえないものと考えられます。

　過去の裁判例では、課外クラブ活動中にトランポリンの使用を巡り生徒同士が喧嘩をし、失明事故が発生してしまったケースがあります。最高裁は、「課外のクラブ活動が本来生徒の自主性を尊重すべきものであることに鑑みれば、何らかの事故の発生する危険性を具体的に予見することが可能であるような特段の事情のある場合は格別、そうでない限り、顧問の教諭としては、個々の活動に常時立会い、監視指導すべき義務までを負うものではないと解するのが相当である」（最判昭和58年2月18日民集37巻1号101頁）と指摘し、教員の過失を否定しました。

　したがって、日頃から部員に対して安全管理に関する指導をしているということを前提とすれば、指導者は、常時立ち会う義務があるわけではなく、生徒同士の喧嘩から生じた事故については、その喧嘩を事前に具体的に予測することは通常できませんから、予測ができたような事情がない限り、指導者が損害賠償責任を負うことはないものと考えられます。

　逆に、具体的に危険が予見できるような場合には、練習に立ち会って監視する義務があるといえます。例えば、練習に慣れていない仮入部中の新入生のみで練習させる場合や、危険性を伴う練習をさせる場合には、指導者は立ち会って監視しておかなければ、事故があった際に、注意義務違反があったとして、損害賠償責任が課される可能性があり得ることとなります。

Q34. トラブルの解決策

部活動で生徒間でのトラブルが発生したときには、訴訟で解決することは適さないと思うのですが、どのような解決策がありますか。

Answer

学校や部活動におけるトラブルについては、一般の民事訴訟とは異なる配慮が必要といえます。民事訴訟では、主に金銭的な解決を求めて、原告と被告がお互いに法と証拠に基づいた主張を行うものです。しかし、保護者や渦中の生徒本人にとってみると、慰謝料といった損害賠償金を獲得したいというよりも、「安心して学校に通いたい」、「人間関係を心配せずに、もう一度、部活動をしたい」などの思いを実現したいと考えていることが多いと思います。もちろん、重大な事故があった場合には、慰謝料や逸失利益といった損害賠償請求を適正に行うことも重要です。ただし、未来に向かって日々成長していく存在である子どもが抱える多くのトラブルでは、金銭的な解決ではなく、安心かつ安全に学校生活を送ることのほうが大事であるとされる場面も多いものと思います。

トラブルの解決は、何も訴訟だけで行われるわけではなく、訴訟はあくまでも最終手段といえます。訴訟以外にも解決の場があり、裁判所がトラブルを解決する場としては、"民事調停"があります。これは、裁判のように裁判官が一方的に勝敗を決するというものではなく、当事者の話し合いを通じてお互いが合意することで紛争を解決する手続きです。

このほか、裁判所以外が関与する手続きもあります。例えば、弁護士会の中には、学校におけるトラブルを念頭に置いた

　ADR（裁判外紛争解決手続）という、あっせん人が当事者間の話し合いによる解決を調整する手続きを用意していたりします。また、東京都では、「子供の権利擁護専門相談事業（東京子どもネット）」を実施しています。ここでは、寄せられた電話相談のうち、電話だけでは解決が難しいと思われる事案について、専門員が面接相談を実施します。そして、子本人の意思を確認した後、関係機関を訪問し、事実の調査を行い、関係機関に必要な助言を行ったり、当事者と関係機関との間で調整活動を行うなどしています。特に、学校との調整が必要な場面では、当事者のみでは感情的になってしまい、問題が解決されないケースもあります。そのため、公的な立場にある第三者である専門員や調査員が客観的に話を聞き、調整を行うことで、解決がなされることもあります。このほか、各教育委員会においても、学校と保護者との間で生じた問題の解決を支援する相談窓口を用意していたりします。

　部活動が地域移行され、外部の受け皿団体が部活動の運営をする場面であっても、このような紛争解決手段を利用できる場合もあります。訴訟だけでなく、関係者全体が満足し得るような解決策を模索するべきだといえます。

第6章
部活動における
指導の在り方

　日曜日、コウサクがコーチを務めるサッカー部の練習試合があり、レイコも応援に来ています。試合終了後、コウサクは片付けをしながらレイコと立ち話をしています。コウサクは、より強いチームを目指したいと考えているようです。そのためにも、受け入れる生徒をある程度制限したいと思うのですが、そのようなことはできるのでしょうか。

★　入部する生徒を制限できないの？

　先日はありがとう。学校の顧問の先生と一緒に、トオヤマ君とハスミ君から聞き取り調査をしたよ。ハスミ君が強く叱責したことをトオヤマ君に謝ってくれてね。トオヤマ君はまた学校に通えるようになったし、部活動にも来てくれているんだ。

　それは良かった。これからは目標に向かって一致団結だね。

　部員にアンケートを配って、どういう部活にしていきたいか聞いてみたんだ。そうしたら、「試合に勝つような強いチームを目指す」という意見が意外と多くてさ。それから部員全員で話し合いをしたんだけど、強いチームを目指すという方針にみんなが賛同してくれたよ。チームの中で方針が浸透したことで、今まであまり練習に精が入らなかった生徒も、以前より練習をとても頑張ってくれるようになったんだ。

子どもであっても、上から方針を押し付けられるのか、みんなの話し合いで方針を決めるのかによって、部活動に対する向き合い方は自ずと変わってくるよね。

　そうなんだね。それで今すごく雰囲気が良くなっていて、このままのペースなら、おそらく県大会に出られるくらいの実力を付けられるんじゃないかな。今年は無理だとしても、来年には出られるような体制にしていきたいと思っている。それもあって、指導が面倒そうな生徒には入ってほしくないと考えているんだけど…。

　それはどうなんだろう。だって、学校の部活動は、本来みんなに開かれたものでしょ。

　でも、土日の試合への出場は、外部の受け皿団体であるクラブでやっているわけだし、もはや部活動は学校の教育活動そのものじゃないよね。ジュニアユースと呼ばれるサッカーのクラブチームでは、セレクションと呼ばれる選考があるのが一般的だよ。

　それはそうなんだけど、何か違和感があるなぁ。もちろん、試合に出場するレギュラーメンバーに、技術力がある一定の生徒が選ばれるというのはわかるんだけど…そもそも一部の生徒は、部活動に入ること自体が制限されてしまうということでしょ？

　こちらが指示することを十分に理解できない生徒だとか、自分の行動を抑えられなくて落ち着きがない生徒とかがいると、指導が大変なんだよね。他のメンバーにもあまり良い影響がないしさ。

　指導が大変になるというのはよくわかるんだけど、コウサク君が運営しているクラブって、東町中学校の生徒

しか入れないわけでしょう。部活動の地域移行といっても、学校とは密接な協調関係にあるんだよね。部活動の入会のための案内文だって、学校を通じて配布していたよね。そういった公的な立場にある学校を通じて生徒を集めているにもかかわらず、一部の生徒を排除しようとするのは、不合理で許されないなって感覚があるよ。もちろん、希望者が多すぎて部活動が成り立たないということであれば、一定の選考は許されると思うんだけど。サッカー部はそういう状況でもないよね。

それはそうだね。むしろ、人数が足りていないくらいだ。

コウサク君だって、中学生の時は毎日先生に怒られていたし、宿題も全然やってこないような生徒だったじゃない。でも、サッカー部という居場所があったからこそ、たくさんの仲間ができて、顧問の先生とも公私を超えたお付き合いをして、今みたいな立派な大人になったんでしょう。覚えていないの？

自分の人生なのにあんまりよく思い出せない…けど、言われてみるとそうだったかも。

東町中学校には特別支援学級もあって、発達障害と診断されている生徒もいると思う。発達障害者支援法という法律があって、ここでは、「国民は、個々の発達障害の特性その他発達障害に関する理解を深めるとともに、基本理念にのっとり、発達障害者の自立及び社会参加に協力するように努めなければならない」という責務を課されているの（同法4条）。可能な限り発達障害児が発達障害児でない児童と共に教育を受けられるよう配慮しつつ、適切な教育的支援を行うことなどが地方公共団体

には求められているんだよ（同法8条1項）。

そうなんだ。そういう法律があるなんて、知らなかったよ。

さらに障害者差別解消法という法律もあって、発達障害もこの法律の適用対象だよ。この法律では、行政機関には「当該障害者の性別、年齢及び障害の状態に応じて、社会的障壁の除去の実施について必要かつ合理的な配慮をしなければならない」（同法7条2項）としているし、部活動の受け皿団体のような民間の事業についても、法改正により、令和6年4月からは同様に配慮を求める法的義務（同法8条2項）を課しているよ。

そんな法律もあるんだ。

こういう法律を抜きにしても、部活動の意義について真剣に考えてほしいな。だって、必ずしも勉強が得意でなかったり、教室で授業を受けることが苦手だったりする生徒にとってこそ、活躍の機会を得られたりする大切な居場所になるという意義があるんじゃないの？　だからこそ、いろいろな問題があったにせよ、これまで日本では部活動が生き残ってきたんだと思う。一定の生徒を排除するのであれば、それはもはや「部活動」なのかな。

そんなに怒らなくても…。理屈はわかるけど、指導する身にもなってほしいっていう話だよ 😂

生徒を排除しない方向のより穏やかな方策によって目的が達成できるのであれば、それを模索するべきだよね。例えば、すごく扱いが難しい生徒がいるのであ

れば、練習にその子の保護者にも同席するようお願いしてみたらどうだろう。その子が練習を抜け出してしまいそうになったり、何かトラブルがあった場合には、その子の保護者に対応をお願いできるよね。それに、保護者からの指導も期待できるよ。

確かに。その発想はなかったよ。

他の生徒や指導者の安全が確保できない状況が想定されるのであれば、問題を抱える生徒を入部させないだとか、退部してもらうという判断もあり得ると思う。だけど、それはあくまでも最終手段であって、大人たちは、そこに至らないより穏やかな方策があるかを模索するべきだよ。特に、多様な生徒が存在することこそが公立学校の魅力でもあるんだから。全力で戦って勝利を目指すこともももちろん大事だけれど、みんなで支え合い、助け合えるような雰囲気があることだって大事だよね。指導者として関わる大人も含めて、みんなが成長する場としても「部活動」は魅力があると思う。

サッカーに関わるだけだと思っていたけど、いろいろなことに配慮しないといけないんだね。学校の先生は、これまで本当によくやっていた、と自分が指導する身になって実感するよ。

Check Point

☑　外部の受け皿団体が行う部活動であっても、学校という公的な存在の信用性を背景に活動している以上、指導が大変だという理由だけで、特定の生徒の入部を安易に制限することは、許されないものと考えられます。

Q & A

Q35. 入部の制限

入部を希望する生徒を選抜してもよいのでしょうか。特に、指導に特別な配慮が必要となる問題を抱えている生徒が入ると、大会の成績や部活動の雰囲気にも影響を与えてしまうと思うので、できれば一定のレベルにある生徒を選抜したいと思っています。

Answer

① 学校が主体となって運営する部活動の場合

まず、学校が運営する部活動は、教育活動の一環として行われるものであり、校長や顧問となる教諭は、どのような方針で運営するのかといった一定の裁量を有しているものと認められます。しかし、例えば、入部を希望する生徒が発達障害を伴っており、特別支援学級に所属することのみをもって入部を拒否するような対応を行った場合には、障害者差別解消法7条2項において行政機関に課されている「障害者から現に社会的障壁の除去を必要としている旨の意思の表明があった場合において、その実施に伴う負担が過重でないときは、障害者の権利利益を侵害することとならないよう、当該障害者の性別、年齢及び障害の状態に応じて、社会的障壁の除去の実施について必要かつ合理的な配慮をしなければならない」とする合理的配慮義務に違反するものといえます。また、発達障害者支援法8条で

は、地方公共団体に対し「発達障害児（…）が、その年齢及び能力に応じ、かつ、その特性を踏まえた十分な教育を受けられるようにするため、可能な限り発達障害児が発達障害児でない児童と共に教育を受けられるよう配慮しつつ、適切な教育的支援を行うこと」を求めているため、この趣旨にも反するといえます。さらに、障害のある者にも教育の機会均等を求めた教育基本法4条2項の精神にも反する対応であると考えられます。

　このことから、学校の上記対応については、裁量を逸脱又は濫用するものとして、違法であると評価されるものと考えられます。民間から部活動指導員が招聘され、その部活動指導員の判断によって対応が行われる場合も、校長の監督の下で学校における教育活動の対応として行われるわけですから、同様に違法であると評価されるものです。したがって、学校としては、生徒本人やその保護者ともよく相談したうえで、例えば、保護者や親族に部活動での見守りをお願いするなど、生徒本人の特性や状況に応じた支援を行いながら、部活動への参加を模索する対応がまずは求められているものと考えられます。

　他方で、部活動を行ううえで、施設管理上の制約があるような場合には、客観的な基準に基づき一定の選考を行うことも合理的な裁量の範囲内として許されるものと考えられます。例えば、吹奏楽部において学校が管理する楽器の数に限りがあるとか、テニス部においてテニスコートの敷地面積の関係から部員を一定の数に制限しなければ安全性が確保できないといった事情がある場合には、技術力などのテストを行い、客観的な基準で選考を行うことも許されるものと考えられます。

❷ 外部の受け皿団体が主体となって運営する部活動の場合

　では、外部の受け皿団体が主体となって運営する部活動においては、どのように考えればよいのでしょうか。この場合、学校の教育活動とは法的には切り離されることとなりますから、法的には保護者と受け皿団体との間で生徒の部活動への入会や入部に関する契約を締結することで、生徒が部活動に参加することとなります。民間の事業者として扱われる受け皿団体は、法的には、契約の成立に関する自由を有しており（民法521条1項）、誰と契約するのか、その選択の自由が認められています。このことからすると、どのような生徒を入部させるかについては、受け皿団体側は広範な裁量を有しているものと考えられ、基本的には、自由に判断することができると考えられます。

　もっとも、この契約の成立に関する自由については、いかなる場合にも自由であると考えられているわけではありません。例えば過去の裁判例では、外国人であることを理由として、ゴルフクラブへの入会や公衆浴場への入浴を拒否された事例において、違法であるとして、事業者側に不法行為に基づく損害賠償責任を認めたケースがあります（東京地判平成7年3月23日判タ874号298頁、札幌地判平成14年11月11日判タ1150号185頁）。

　外部の受け皿団体が運営主体となる部活動においても、令和6年4月からは障害者差別解消法8条2項に基づき合理的配慮義務が課されていることや、外部の団体といえども学校と密接な関係があり、学校を通じて部員の募集が行われているという意味で学校という公的な存在が持つ信用性を背景として活動が成り立っていることを軽視することができません。また、地方公共団体から補助金が支給されている場合には、なおさら一定

の公共性を有しているものと認められることなどを踏まえると、特別支援学級に在籍するというだけで発達障害児を差別して入部させないとする対応は、社会的に許容し得る限度を超えた違法なものとして損害賠償責任が発生するとされる可能性も十分にあるものと思います。もちろん、受け皿団体には多様な団体が想定されているため、その団体の体制や人材の状況などによっても結論が影響されるものと思われます。加えて、生徒本人の状況や、保護者との協議の状況も考慮するべき事情になると思います。

　受け皿団体側は広範な裁量を有しているとしても、部活動が生徒の多様な側面に光を当てる教育的意義の高い場になっていた実情にも考慮し、十分な協議を行ったうえで、関係者全員が納得する形で、慎重に結論を出すべき問題であると考えられます。

Q36. 選考基準の考え方

　保護者から「自分の子どもは毎日欠席せずに練習に参加しているが、技術力が足りないとして、レギュラーに選ばれない」との不満が寄せられました。どのように考えればよいのでしょうか。

Answer

　外部の受け皿団体が主体となって運営する部活動はもとより、学校が主体となって運営する部活動の場合であっても、指導者や学校の教員は、試合における選手の起用については広範な裁量を有しているものと考えられます。基本的には、部員が納得する明確な基準により選考がされるべきだといえますが、技術力のみを考慮されるべきか、技術力が多少劣っていたとしても、チーム全体への貢献や練習における姿勢等も考慮されるべきか、という点については、正解があるものではなく、その部を率いる指導者の考え方次第の側面が大きいといえます。特に、学校が公立学校か私立学校かによっても、部活動の位置付けは異なるものであり、例えば、サッカーの強豪校をアピールし、毎年全国大会に出場しているような著名な私立高校では、技術力のみを基準として選考することも、不当や違法といえるようなものではないと考えられます。

　実際の裁判例としては、私立高校の空手道部の部員が顧問であった教員のパワハラ等を理由として損害賠償請求訴訟を提起したケースがあります。部員側は、団体戦へのメンバーに起用がされなかった点も不法行為であると主張しました。裁判所は「部活動の監督、特にスポーツ強豪校の監督においては、チームを勝利させることも重要な獲得目標の1つであって、試合で

の選手起用を含めた戦略・戦術に関する事項については、広汎な裁量を有するというべきである。その上、団体戦については、チームの士気やムードといったものが勝敗に影響することがあるため、そのような観点でチームに貢献し得るか否かという観点を重視することも相当といえる」としました。そして、原告である部員の実力が上位であったことを認定しながらも、その性格や態度においてチームとして戦うという意識や行動において他の部員に劣るところがあったことや、過去のインターハイ予選の準決勝で大将として出場して敗戦した際に、監督を信用していなかったことが敗因であると当該部員が発言したことなどを踏まえて、団体戦の出場機会を得られなかったことについて、監督としての裁量を逸脱するものではないとして、不法行為の成立を否定しました（大阪地判平成29年6月13日判タ1451号223頁）。

　もちろん、部活動は、外部の受け皿団体が主体となって実施されるものであっても、学校が持つ信用性を背景として活動が成り立っているものであり、教育的側面を否定することができず、また、高校や大学への推薦入試を考えている生徒にとっては、部活動の大会で活躍の機会が与えられるかどうかは、進路に影響する重大な利害があるといえます。このためレギュラーメンバーの選考については、参加する生徒が納得する形で実施することが肝要です。生徒側から不信感を持たれるような恣意的な選考は、後輩の入部を妨げるおそれもあり、長期的に見れば部活動自体が崩壊する可能性があるわけですから、当然に避けるべきです。

第7章

地域移行後の部活動における学校・先生の関わり方

> **STORY**
>
> 　コウサクは、部活動の地域移行において、様々な法律知識が必要だと学びました。レイコの勤務する法律事務所を訪ね、法律相談をしています。サッカークラブを運営する中で、学校との関わり方が気になるようです。なぜなら、学校の顧問であるウダ先生が、土日の部活動も手伝いたいというのです。何か注意点はあるのでしょうか。

★ 先生は報酬をもらって外部の受け皿団体が運営する部活動に参加できる？

　忙しいところ悪いね。学校との関わり方で気になることがあってさ。前にも話したけれど、平日夕方の部活動は、学校の顧問のウダ先生が指導をしていて、学校の運営の下で行われているんだ。そして、うちのクラブでは土日の練習や試合の引率を担っていて、学校とは平日と土日で住み分けをしている。

　そうだったね。大会の出場資格もこれまでの学校単位だけではなく、民間の受け皿団体にまで拡げる動きが見られるね。

　でもね、ウダ先生は、土日の練習や試合にも指導者として関与したいと言っているんだ。校長先生は、働き方改革に逆行するって難色を示しているけれど、ウダ先生は、平日の練習と土日の練習を連続的なものと考えていて、どうしても気になるらしい。今のところ、土日の試合には観客として見に来てくれているんだけど…。ウダ先生は独身ということもあるし、時間的な余裕もあるみたいでさ。

確かに平日と土日で指導者が違うと、生徒は混乱しそうだね。

 そうなんだよ。情報共有はしているものの、指導方針とか、どうしても統一できない部分が出てきちゃうんだよね。

 そうすると、受け皿団体である「東町中学校サッカークラブ」がウダ先生との間で業務委託契約や雇用契約を締結して、指導者として関わってもらう方法があるね。文部科学省では、土日という週休日において教員が部活動と関わる場合であったとしても、受け皿団体からウダ先生に報酬や謝礼を支払う場合には、任命権者である教育委員会の兼職兼業の許可が必要になるとしているよ。

 土日は自由な時間なのに、許可が必要なのか。

 先生は地方公務員だから、教育委員会の許可を受けなければ報酬を得て事業に関わることができないの（地方公務員法38条1項）。でも、交通費等の実費以外を支払わないボランティアとして来てもらうなら、兼職兼業の許可は不要だよ。

 なるほど。ウダ先生はボランティアで関わりたいと言っていたから、兼職兼業の許可はいらないや。

 注意が必要なのは、事故が起きた場合だね。ウダ先生は公立学校の先生、つまり公務員だから、学校が主体となる部活動の中で事故が発生したとしても、個人としての損害賠償責任を負わないことは前に伝えたよね。でも、外部の受け皿団体が主体となる部活動で同じことが起きた場合には、注意義務違反があれば個人として損害賠償

責任を負う可能性があるよ。

　公立学校の先生は、どういう立場で関わるかで法的な責任の有無に違いが出るってことか。同じ人間なのに大きな違いだよね。なんだかモチベーションが下がりそうだな。

　そうだね。でも、私立学校の教員からしてみたら、日頃の教育活動に関しても個人が損害賠償責任を負うリスクを抱えて仕事をしているわけだから、「当たり前でしょ」という話なのかもしれないけど。あとは、土日に部活動を頑張りすぎて、平日の本業に支障が出ないようにしないとね。やる気があるとしても、無理のない範囲で関わってほしいな。

★ 先生は平日の勤務時間内にも外部の部活動に参加できる？

　仮の話だけど、今後、平日夕方の部活動についても外部の受け皿団体がやることになった場合、ウダ先生はどのように関わっていけばいいのかな。例えばスポーツクラブを経営する民間の株式会社やクラブチームが受け皿団体になる場合には、平日の夕方であっても部活動の運営ができるよね。

　将来的な話になると思うけれど、今後、保護者や地域社会の理解を得て部活動の地域移行が進んでいけば、平日の部活動も外部の受け皿団体が担うということは起こり得るね。でも、学校の教員には、平日は職務専念義務があるから、原則は勤務時間終了後にしか部活動に関われないことになると思う。

先生に参加してもらうために、先生の勤務時間終了後から部活動を始めようとすると、生徒の帰宅時間も遅くなるよね。それは本末転倒だな。

　例えば、平日の16時45分までが教員の勤務時間ということであれば、それ以降に部活動に参加してもらうことになるね。もし、勤務時間中から外部の受け皿団体が担う部活動に関与したいという希望があるのであれば、年休を取得して参加してもらうか、教育委員会から職務専念義務の免除を得てもらう必要があるよ。

　そういった手続きをして、教員の職務上の義務から解放された状態であれば、部活動に関われるということか。でも、平日の夕方って、担任しているクラスの保護者から先生に電話がかかってくることもあるよね。職務専念義務が免除されているのであれば、そういう電話にも出なくていいことになるのかな。

　厳密には、そうならざるを得ないよね。夕方の時間帯に生徒指導を行うことも難しくなるかもしれないよ。例えば、職務専念義務が免除されているところで、学校内で暴れているサッカー部以外の生徒を見かけたとしよう。教員という立場上、ウダ先生は他の先生と一緒になって体を張って制止するよね。でも、止めに入ったウダ先生が生徒に突き飛ばされて怪我を負ったとしても、公務災害として補償を受けることが難しくなるかもしれない。

　それは可哀そうだな。その生徒本人へ損害賠償請求すればいいのだとしても、立場上、生徒に対して請求しにくいよな。うちのクラブで加入している傷害保険

を請求してあげようにも、サッカーの指導とは関係ない原因で生じた怪我だから、保険金が支給されないかもしれないね。

どういう身分で生徒や保護者に接しているのか曖昧にもなるし、いろいろ困難なことが多そうだよね。だから、平日の部活動まで地域移行された場合、教員が指導に関わり続けるというのは、あまり現実的ではないのかもしれない。何が課題なのかを整理して、どういう解決方法があるのか、今後みんなで考えていく必要があると思う。

あと、地域移行後の部活動に関わりたくないという教員がいるのであれば、そういった意見も尊重される雰囲気が作られる必要もあるね。

Check Point

☑　公立学校の教員は、勤務時間内に、外部の受け皿団体が主体となって運営する部活動に参加する場合には、年休を利用するか、職務専念義務の免除を得る必要があります。また、勤務時間外であったとしても、報酬を受領して関与するのであれば、許可等を得る必要があります。

☑　国公立学校の教員は、外部の受け皿団体における部活動に民間人の立場として関わることになりますので、国家賠償法の考え方が適用されず、個人としての損害賠償責任を負う可能性があります。

Q & A

Q37．公立学校の教員による受け皿団体への関与

公立学校の教員が、外部の受け皿団体が主体となる部活動に関わる際には、教育委員会の許可が必要ですか。

Answer

① 土日の関わり方

　公立学校の教員については、一般的に、条例に基づいて土日が週休日となっているところ、勤務時間が割り振られていない土日においては、職務専念義務（地方公務員法35条）を負ってはいないため、外部の受け皿団体が主体となる部活動に関わることは、原則として自由ということになると考えられます。

　もっとも、地方公務員法では「職員は、任命権者の許可を受けなければ、（…）報酬を得ていかなる事業若しくは事務にも従事してはならない」（同法38条1項）としており、地方公務員が外部の受け皿団体から報酬を得て業務に従事する場合には、たとえ生徒の部活動に係る指導であっても、兼職兼業の許可が必要となります。この許可については、任命権者である教育委員会の許可が必要となりますが、県費負担教職員については、服務監督権者である市町村教育委員会（特別区教育委員会を含む）が許可を与えることとなっています（地方教育行政の組織及び運営に関する法律47条1項）。

　なお、教育公務員特例法17条1項では、この地方公務員法における制限を、教育公務員に関しては、教育に関する他の事業や事務に従事する場合に限定して、許可ではなく、承認という形で緩和したものと解釈されています（荒牧重人他編『新基本法コンメンタール教育関係法』330頁〔坂田仰〕、日本評論社）。このため、例えば外部の受け皿団体が社会教育団体であるPTAとなるような場合で、教員がPTAから委嘱を受けて指導者になるようなときには、地方公務員法38条1項に基づく許可を得ることまでは必要なく、教育公務員特例法に基づく承認のみで足りるとされるものと考えられます。部活動の地域移行に関して、この兼職兼業に関する許可や承認についての実務が十分に積み重ねられているわけではないため、今後の動向を注視する必要があるといえます。

　いずれにしても、地方公務員は、外部の受け皿団体から報酬を得て、部活動の指導に係る業務に従事する場合には、兼職兼業の許可や承認が必要となりますので（地方公務員法38条1項、教育公務員特例法17条1項）、注意する必要があります。

　他方で、交通費等の実費以外を受領しないボランティアとして関与する場合には、この許可等は不要になると考えられます。文部科学省がウェブサイトで公表している「公立学校の教師等が地域クラブ活動に従事する場合の兼職兼業について（手引き）」[1]と題する説明文書にも、同様の説明がされています。

② 平日の関わり方

　学校の教職員は、勤務時間内である平日の夕方に外部の受け皿団体が主体となる部活動に従事する場合にも、前記1のとお

---

[1] https://www.mext.go.jp/content/20230130-mxt-syoto01-000025338_5.pdf（2023年11月閲覧）

り、外部の受け皿団体から報酬を得て業務に従事する場合には、兼職兼業の許可等が必要となり（地方公務員法38条1項、教育公務員特例法17条1項）、交通費等の実費以外を受領しないボランティアとして関与する場合には、この許可等は不要になると考えられます。

　他方で、土日における部活動との違いとしては、勤務時間内である平日の夕方に外部の受け皿団体が主体となる部活動に従事する場合には、教員としての職務に専念することができなくなります。地方公務員には「法律又は条例に特別の定がある場合を除く外、その勤務時間及び職務上の注意力のすべてをその職責遂行のために用い、当該地方公共団体がなすべき責を有する職務にのみ従事しなければならない」という義務（職務専念義務）が課されています（地方公務員法35条）。このため、年休を取得したうえで参加するか、職務専念義務の免除を得る必要があります（なお、前記の教育公務員特例法17条1項に基づく承認を得た場合は、別に職務専念義務の免除を得る必要はないものと解されています（高橋洋平・栗山和大『改訂版 現代的学校マネジメントの法的論点 厳選10講』58頁、第一法規））。

　なお、公務員に課せられた義務との関係では以上のような整理であるものの、現実的には、平日の本来の勤務時間内において、外部の受け皿団体による活動へ参加することについては、一定の課題があるものと考えられます。文部科学省の令和3年2月17日付け「「学校の働き方改革を踏まえた部活動改革について」を受けた公立学校の教師等の兼職兼業の取扱い等について（通知）」によると、「平日については、一般論として平日において地域団体の業務に係る兼職兼業の許可を行うことも可能であるものの、例えば当該活動が学校の業務である学校部活動との切れ目がないような場合は正規の勤務時間終了時に学校の

業務から地域団体の業務に自動的に切り替わると整理すること
は困難と考えられるなど（…）当該活動の指揮命令系統、活動
の実施場所、指導体制、活動形態、活動内容等に鑑み、個別具
体の活動ごとに総合的に判断することが必要である」との指摘
がされています。現実問題として、平日の夕方には、担任をし
ている生徒の保護者からの電話を受けざるを得ない場面が容易
に想定されるところです。また、一般の生徒の目から見ても、
職務専念義務を免除された教員だとわかるわけでもありませ
ん。生徒に対する生活指導を行わざるを得ない場面もあり得る
中で、職務専念義務を免除されている教員が適切にこれを行う
ことができるのかという問題もありそうです。さらに、職務専
念義務を免除されているということは、公務に本来は従事して
いないはずです。そのため、この間に怪我等を負ったとしても、
公務災害に該当しないとして地方公務員災害補償法に基づく補
償の対象外とされる可能性もあります。

　したがって、教員が勤務時間内である平日の夕方に外部の受
け皿団体が主体となる部活動に従事する場合には、活動場所や
活動時間等を踏まえた慎重な検討が必要になると考えられます。

■図表7－1　公立学校の教員の関わり方と手続き

	平日の部活動（勤務時間内）	土日の部活動（勤務時間外）
職務専念義務の免除	職務専念義務の免除要（地方公務員法35条）※　教育公務員特例法17条に基づき、教育に関する職を兼ねるとして承認を得た場合には、上記免除は不要	手続不要
兼職兼業の許可	報酬を得る場合には、兼職兼業の許可要（地方公務員法38条）※　教育公務員特例法17条に基づき、教育に関する職を兼ねる場合には、承認で足りる	報酬を得る場合には、兼職兼業の許可要（地方公務員法38条）※　教育公務員特例法17条に基づき、教育に関する職を兼ねる場合には、承認で足りる

Q38. 私立学校の教員による受け皿団体への関与

　私立学校の教員が外部の受け皿団体が主体となる部活動に関わる際には、学校法人の許可が必要になりますか。

Answer

　公立学校の教員については、地方公務員法の規定により、報酬を得て他の業務に従事することが原則的に禁止されていました（Q37）。しかし、私立学校の教員を含めた民間の労働者の副業を一般的に禁止する法令は存在しません。もっとも、私立学校の教員は、学校法人と雇用契約を締結しているため、雇用契約書や就業規則の内容次第では学校法人の許可が必要になります。以前は、就業規則においては、「許可なく他の会社等の業務に従事することはできない」などと副業を原則的に禁止し、違反した場合には懲戒事由とする企業が一般的でした。仮に、このようなルールが定まっている場合においては、外部の受け皿団体が主体となる部活動から報酬を受領して関わろうとする私立学校の教員は、学校法人の許可を得て関与する必要があります。国立大学法人が設置する国立学校についても同様に、法人ごとに規則が定められている可能性がありますので、規則を確認する必要があります。

　ただし、最近では副業について、社会的にも受け入れる声が大きくなっています。背景には、労働者にとってのキャリア形成や成長に資する側面があることや、慢性的な人手不足といった社会的状況があります。厚生労働省がウェブサイトで公表している最新のモデル就業規則（令和5年7月）[2]は、原則として副業を認める内容となっており、例外的に、「労務提供上の支

障がある場合」や「会社の名誉や信用を損なう行為や、信頼関係を破壊する行為がある場合」、「競業により、企業の利益を害する場合」などには禁止又は制限することができるという内容となっています。

　したがって、学校法人の就業規則において副業が禁止されていないのであれば、特に学校法人の許可を得ることなく、関与することができるものと考えられます。

Q 39.　法的責任等への留意点

　外部の受け皿団体が主体となる部活動に教員が関与する場合には、法的な責任等の面で、どのようなことに留意する必要がありますか。

Answer

1　損害賠償責任

　特に公立学校の教員については、法的な責任の所在が異なることになるため、注意が必要です。公立学校の教員は、教育活動に関しては、損害賠償責任を負うことはなく、学校設置者が属する地方自治体が責任を負うものとされています（最判昭和30年4月19日民集9巻5号534頁、最判昭和62年2月6日裁判集民事150号75頁）。国立大学法人が設置する学校の教員も同様の取扱いとされています。教員個人は、故意・重過失がある場合には、損害賠償責任を果たした地方公共団体等から、一定の金銭を求償される場面があり得るとされているにすぎず（国家

2　https://www.mhlw.go.jp/content/001018385.pdf（2023年11月閲覧）

賠償法1条2項)、被害者に対し、直接的に責任を負う立場にはありません。したがって、万が一事故等が生じたとしても、個人として損害賠償責任を負うことはありませんでした。

　しかし、平日にせよ、土日にせよ、外部の受け皿団体が主体となる部活動に教員が関わる場合には、それは、公権力の行使に当たる公務員が職務行為として関わるわけではありません。そのため、報酬を得て関与するかどうかにかかわらず、注意義務違反があれば、個人として損害賠償責任を負う可能性があります。この点について、文部科学省がウェブサイトで公表している「公立学校の教師等が地域クラブ活動に従事する場合の兼職兼業について（手引き）」では、「活動中の事故等の責任は一義的には民間の運営団体が負うこととなります。ただし、業務委託で行う場合、個人に責任が帰される場合がありますので、業務委託で行う場合は事前に業務委託契約の内容確認や民間の運営団体に確認を行ってください」との説明があります。受け皿団体と業務委託契約を締結した場合には個人責任を負うかのように読み取れますが、これでは少し説明が不足しており、誤解が生じるように思われます。前述のとおり、受け皿団体との間で、業務委託契約を締結しようが、雇用契約を締結しようが、注意義務違反により他者へ損害を与えたのであれば、不法行為に基づく損害賠償責任を負うことが原則だからです。

　例えば、バス会社と雇用契約を締結している運転手が交通事故を起こした場合を想起すればわかりやすいでしょう。交通事故を起こした運転手は、被害者に対して損害賠償責任（民法709条）を負います。現実には、資力があるバス会社の使用者責任（民法715条）が追及される場合も多いところですが、運転手個人がバス会社との間で雇用契約を締結していることを理由として責任を免除されるわけではありません。なお、運転手

個人が被害者に対してすべての損害を賠償した場合には、逆求償といって、使用者であるバス会社に対して一定の負担を求めることができるとされています（最判令和2年2月28日民集74巻2号106頁）。しかしながら、被害者との関係で個人の賠償責任が免除されているわけではありません。

　つまり、特に国公立学校の教員については、学校の教育活動として関与するのではなく、外部の受け皿団体からの依頼に応えて部活動に指導者として関与する場合には、業務委託契約や雇用契約、無償のボランティアであるかどうかを問わず、個人として損害賠償責任を負う可能性がありますので注意が必要です。このため、その受け皿団体が賠償責任保険に加入しているかどうかを確認したうえで、関与するべきだと思います。

② 労働災害

　また、外部の受け皿団体からの依頼に応えて部活動に指導者として関与する中で、自身が怪我を負った場合には、公務や労務上の負傷等とはいえません。ですから、公立学校の教員であれば地方公務員災害補償法に基づく補償、私立学校や国立学校の教員であれば労働者災害補償保険法に基づく補償が受けられないこととなります。

　このため、自身の負傷等に備えて、傷害保険に加入することを検討したほうがよいと考えられます。

> ## Q 40. 部費の取扱い
>
> 　部活動を外部の受け皿団体が担う場合には、部費をどのように集める必要がありますか。また、外部の受け皿団体が徴収した部費については、平日の学校を主体とする部活動の経費にも充てることができますか。

Answer

　これまでの学校が主体となって行っていた部活動では、各学校において、保護者から部費を徴収していたケースが多く、この場合には、学校徴収金という形で管理されていた例が多かったように思います。学校徴収金とは、教育活動上必要となる経費のうち保護者が負担するべきとされている費用（例えば、教科書以外の教材費や給食費など、公費で無償とされていない経費）のことです。これについては、公会計ではなく、それぞれの学校ごとに徴収されて、私会計として学校長において管理されている金銭（預り金）という理解がされています。

　今後、外部の受け皿団体が部活動を担う場合においては、一定の補助金を得られる場面もあるかもしれませんが、基本的には、その団体が保護者から部費（会費）を徴収することが想定されます。部費については、団体の規約に金額を規定したり、生徒を部活動に入部させて指導を受けさせる契約書の中で金額について合意することにより、受け皿団体が保護者に対して請求することができることとなります。受け皿団体として開設した口座において部費を管理し、指導者個人の金銭と混在しないように分別した管理を行うよう注意する必要があります。

　では、平日の夕方は学校が運営する部活動、土日は外部の受け皿団体が運営する部活動と、運営の主体が併存するような場

合において、学校と外部の受け皿団体の双方が経費を徴収する
ようになるのでしょうか。様々な方法があるように思いますが、
部活動の地域移行については、教員の負担を軽減するための取
組みの一環であり、平日と土日において運営の主体が異なるとい
う状況は過渡的なものであると考えることができます。その
ため、部活動に関する経費の徴収については、外部の受け皿団
体のみが行うことが現実的であるように思います。

　そうした場合、次に問題となるのは、土日の活動を担う外部
の受け皿団体が保護者から徴収した部費を、平日の学校主体の
部活動の経費のために支出することができるのかという点で
す。大会の参加費を外部の受け皿団体が徴収した部費から支出
することは特に問題ないと思いますが、例えば、熟度を向上さ
せるため、平日に外部講師に指導に来てもらうことになったも
のの、学校に予算がないため、その講師代を土日の活動を担う
外部の受け皿団体が保護者から徴収した部費より支出すること
ができるのかといった問題があり得るように思います。部活動
自体は、平日と土日で切れ目のない活動ですから、運営の主体
が併存するとしても、「この経費は、平日に関する活動である。
この経費は、土日に関する活動である」などと厳密に分けるこ
とは困難である場合も少なくないように思います。このため、
外部の受け皿団体が土日の活動だけでなく、平日の活動にも資
するための支出を行う旨を保護者へ明確に説明したうえで部費
を徴収するのであれば、どちらの活動に支出しても問題ないも
のと考えられます。

　そうすると、さらに次に問題となるのは、平日の部活動と土
日の部活動とで、生徒の構成が異なるような場合です。例えば、
保護者の中には、部活動の地域移行に対する不安から、平日の
学校を主体とする部活動については子を参加させたいが、外部

の受け皿団体が主体となる土日の活動には子を参加させたくないという意向を持つような場合があり得ます。このような平日のみの参加という方法が許されるのかという点は、それぞれの部活動における個別の方針次第だと思いますが、そのような形態の参加が許される場合において、土日の活動を担う外部の受け皿団体のみが部費を徴収するとしたときには、平日の活動のみに参加する上記の家庭が部費を負担しないまま利益だけを受ける状況が発生する可能性があります。このような状況は、活動費を各部員で公平に負担しておらず、望ましい状況とはいえないため、外部の受け皿団体としては、平日の活動のみに参加する家庭と十分に話し合いを行ったうえで、活動の参加状況に応じた応分の負担をしてもらえるよう、交渉を行うべきだと考えられます。

Q41. 学校施設を利用する際の手続き

　外部の受け皿団体が学校の体育館や校庭といった施設を利用したいときには、どのような手続きが必要になりますか。

Answer

　外部の受け皿団体は、これまで学校が担っていた部活動を支える活動を行う存在であったとしても、学校そのものではありません。そのため、学校の校庭や体育館を利用する場合には、施設利用の申込みを行う必要があることが多いものと考えられます。

　私立学校では、受け皿団体と学校との関係を踏まえて、柔軟な施設利用が認められるものと思われます。他方で、公立学校の場合には、法令や学校を管理するそれぞれの地方公共団体が定めている条例や規則等のルールに基づいた対応が必要になると考えられます。公立学校の施設は、学校教育を目的として使用する必要があり、校長の同意等を得ない限り、目的外利用は禁止されています（学校施設の確保に関する政令3条）。このため、まずは、校長の同意を得たうえで、さらに、一般的には各地方公共団体の条例や規則等に基づき、学校施設使用に関する申請書を教育委員会の担当係へ提出することが求められることが多いと思われます。この場合には使用料が発生することがありますが、現状、PTAや地域のスポーツクラブなどの社会教育関係団体（社会教育法10条）については、事前の登録を得ておくことにより、施設使用に係る使用料を免除したり、減額するといった対応をしている地方公共団体も少なくありません。このため、部活動を担う外部の受け皿団体についても、そ

の団体の性質によっては、使用料の減免の取扱いが認められる可能性があるでしょう。手続きについて確認する必要があると思います。

　この点について、仮に、部活動の受け皿団体が営利企業（スポーツクラブやプロスポーツチームを運営する株式会社）である場合にはどうでしょうか。従来、これらの団体は社会教育関係団体とは考えられてこなかったため、学校施設を利用する際に使用料を求められる可能性があるといえます。しかし、そのような費用負担は、最終的には部費や会費となって、部活動に参加する生徒の家庭の負担となるおそれがあるわけです。そのため、株式会社が受け皿団体になるような場合であっても、部活動の地域移行を推進していくという政策目的の観点からすれば、使用料は減免されるべきでしょう。部活動の地域移行の実現に協力しようという民間団体を増やすためにも、このような取組みが推し進められるべきだといえます。

いやー、いろいろと勉強になったよ。ありがとう。最初はサッカーの指導だけやればいいと考えていたけれど、法律のこととか保険のこととか、勉強しないといけないことがよくわかったよ。昔、君に放課後、勉強を教えてもらったことを想い出しちゃったよ…。

え、そんなことあったっけ。まったく記憶がないなー。

あれれ、別の世界線の話だったのかな。まあ、いいや。それはそうと、行政向けの補助金の申請書や校庭の施設利用の申請書、大会に出場するための書類も書いたりしないといけないし、会費を集めている以上はちゃんとした予算書や決算書も作らないといけなくて、思った以上に事務仕事が多かったな。そうそう、大会の運営にも駆り出されることになって、これまで先生方が大会の運営準備のために何度も会議をしていたことを初めて知ったよ。

地域の関係者の中には「サッカーの指導はできないけれども、会計や事務作業は得意だから、そういう面ならお手伝いができる」という人もいると思う。そういう協力者をいかに巻き込んでいくかも、部活動の地域移行が円滑に実施できるかどうかの鍵になりそうだね。

うん。大変だけど、それ以上に子どもたちからエネルギーをもらっているし、部活動に関わると歓びと感動を味わう機会も多いね。若返る気もする（笑）。

子どもたちの持つパワーはすごいよね。私も長男が大学生になったら少し手が空くと思うから、押し入れに眠っている楽器を引っ張り出して、吹奏楽部の指導のお手伝いでもしようかな。

　どのような形であれ、教員が抱えている現状の負担を社会全体で分かち合っていかないと、公教育自体が崩壊しちゃうと思うし、今はまさに瀬戸際だといえるね。全体として見れば、部活動がある程度縮小していくことはやむを得ないと思うし、正解がない課題がたくさんある。だからこそ、部活動の地域移行が円滑に進められるように、前例に捉われず、みんなで腹を割って話し合う必要がありそうだね。

　そうだね。現在の学校の先生は、いろいろな負担や期待、多様な背景を持つ児童や生徒への配慮を求められていて、本当に大変な状況だと思う。でも、地域の中で子どもたちが集まる場所は学校しかないわけだから、学校を起点として、どれだけみんなが協力し合えるかがポイントになると思うよ。

　なんだかコウサク君、中学校時代とは別人みたいにしっかりしたことを言うようになったじゃない。部活動は、関わる大人たちも成長させるということかな。

end

（主要参考文献）

○河野敬介・神内聡編『Q&Aでわかる業種別法務 学校』（中央経済社、2021年）
○神内聡『スクールロイヤー 学校現場の事例で学ぶ教育紛争実務Q＆A170』
（日本加除出版、2018年）
○神内聡『学校内弁護士 学校現場のための教育紛争対策ガイドブック〔第2版〕』
（日本加除出版、2019年）
○古笛恵子編著『学校事故の法律相談』（青林書院、2016年）
○スポーツ問題研究会編『Q&Aスポーツの法律問題〔第4版〕』（民事法研究会、
2018年）
○静岡県弁護士会編『裁判例からわかるスポーツ事故の法律実務』（ぎょうせい、
2020年）
○菅原哲朗他監修『スポーツの法律相談』（青林書院、2017年）
○高橋洋平・栗山和大『改訂版 現代的学校マネジメントの法的論点 厳選10講』
（第一法規、2018年）
○荒牧重人他編『新基本法コンメンタール 教育関係法』（日本評論社、2015年）
○第二東京弁護士会子どもの権利に関する委員会編『どう使う どう活かす いじめ防
止対策推進法〔第3版〕』（現代人文社、2022年）
○第二東京弁護士会子どもの権利に関する委員会編『事例解説 子どもをめぐる問題
の基本と実務』（青林書院、2017年）
○石坂浩・鬼澤秀昌編著『改訂版 実践事例からみるスクールロイヤーの実務』
（日本法令、2023年）
○森田洋司『いじめとは何か－教室の問題、社会の問題』（中央公論新社、2010年）
○大高満範編『生命保険の法律相談』（青林書院、2011年）
○山下丈他編『保険関係訴訟〔第2版〕（専門訴訟講座）』（民事法研究会、2023年）
○古笛恵子・嶋寺基編著『個人賠償責任保険の解説』（保険毎日新聞社、2023年）
○宇賀克也『行政法概説Ⅱ 行政救済法〔第7版〕』（有斐閣、2021年）
○安達敏男他『国家賠償法実務ハンドブック』（日本加除出版、2019年）
○内田良編『部活動の社会学―学校の文化・教師の働き方』（岩波書店、2021年）
○現代スポーツ評論48号「特集：＜部活＞の地域移行を考える」（創文企画、2023年）
○友添秀則『運動部活動から地域スポーツクラブ活動へ：新しいブカツのビジョンと
ミッション』（大修館書店、2023年）
○白井久明他『Q&A 学校部活動・体育活動の法律相談 事故予防・部活動の運営方法・
注意義務・監督者責任・損害賠償請求』（日本加除出版、2017年）
○独立行政法人日本スポーツ振興センター「学校の管理下の災害」〔令和元年～4年版〕
（独立行政法人日本スポーツ振興センター、2020年～2022年）
○NHKスペシャル「いのちを守る学校に 調査報告"学校事故"」（2023年5月7日
放送）

[筆者プロフィール]

山本　翔（やまもと しょう）

平成19年３月　慶應義塾大学大学院法務研究科修了

平成20年12月　弁護士登録（第二東京弁護士会）
　　　　　　　弁護士法人大江橋法律事務所東京事務所に入所

平成27年４月　子どもの権利に関する委員会副委員長（第二東京弁護
　　　　　　　士会）

平成28年２月　法務省民事局付（任期付公務員として、法律案の立案
　　　　　　　等の業務に従事）

平成31年４月　法務省民事局調査員（令和２年３月まで）

令和５年４月　子どもの権利に関する委員会副委員長（第二東京弁護
　　　　　　　士会）

令和５年10月　荒川区子どもの権利擁護委員

このほか、一橋大学大学院法学研究科ビジネスロー専攻の非常勤講師
（現代取引法）としても活動。著書として「民事執行入門」（金融財政
事情研究会、2022年）など。

こんなときどうする？
部活動の地域移行に伴う法律相談
学校・指導者・関係者の法的責任と対応　　令和6年1月1日　初版発行

検印省略

著　者　山　本　　　翔
発行者　青　木　鉱　太
編集者　岩　倉　春　光
印刷所　丸　井　工　文　社
製本所　国　　宝　　社

〒 101-0032
東京都千代田区岩本町1丁目2番19号
https://www.horei.co.jp/

（営　業）TEL　03-6858-6967　Eメール　syuppan@horei.co.jp
（通　販）TEL　03-6858-6966　Eメール　book.order@horei.co.jp
（編　集）FAX　03-6858-6957　Eメール　tankoubon@horei.co.jp

（オンラインショップ）　https://www.horei.co.jp/iec/
（お詫びと訂正）　https://www.horei.co.jp/book/owabi.shtml
（書籍の追加情報）　https://www.horei.co.jp/book/osirasebook.shtml

※万一、本書の内容に誤記等が判明した場合には、上記「お詫びと訂正」に最新情報を
掲載しております。ホームページに掲載されていない内容につきましては、FAX また
はEメールで編集までお問合せください。

改訂版　実践事例からみる
スクールロイヤーの実務

石坂 浩・鬼澤秀昌　（編著）　宍戸博幸　（著）
Ａ５判・420頁　定価4,400円（本体4,000円＋税）

最新の法制度に対応した待望の改訂版！
子どもの最善の利益のために"スクールロイヤー"に何ができるか？
本書では、教育現場における弁護士の役割について取り上げ、スクールロイヤーとしてあるべきアプローチ手法や解決方法（法的視点＋ソーシャルワークの視点）について、実例をもとに解説します。

（令和5年6月刊）

現場の負担を減らす
私立学校の労働時間管理

三ツ星 通代（著）
Ａ５判・312頁　定価2,970円（本体2,700円＋税）

学校教育の質向上には、教員の時間確保が必要不可欠 !!
長時間勤務、休日出勤、部活動指導、保護者対応など教員の過重
負担をなくし、学校の「働き方改革」推進の実践方法を解説します。

（令和２年５月刊）